Cammis
Survivaltipps für Studienanfänger

Cammis

Survivaltipps für Studienanfänger

Der andere Ratgeber von
Studenten für Studenten

Mit Illustrationen von Yves Erne

ARISTON

Mix
Produktgruppe aus vorbildlich
bewirtschafteten Wäldern und
anderen kontrollierten Herkünften
Zert.-Nr. SGS-COC-1940
www.fsc.org
© 1996 Forest Stewardship Council

Verlagsgruppe Random House FSC-DEU-0100
Das für dieses Buch verwendete FSC-zertifizierte Papier *Munken Premium*
liefert Arctic Paper Munkedals AB, Schweden.

Bibliografische Information der Deutschen Bibliothek

Die Deutsche Bibliothek verzeichnet diese Publikation
in der Deutschen Nationalbibliografie; detaillierte bibliografische Daten
sind im Internet unter http://dnb.ddb.de abrufbar.

© Illustrationen: Yves Erne 2008
© Heinrich Hugendubel Verlag, Kreuzlingen/München 2008
Alle Rechte vorbehalten

Umschlaggestaltung: Weiss/Zembsch/Partner:
WerkstattMünchen unter Verwendung eines Motivs von Yves Erne
Satz: EDV-Fotosatz Huber/Verlagsservice G. Pfeifer, Germering
Druck und Bindung: GGP Media GmbH, Pößneck
Printed in Germany

ISBN: 978-3-7205-4048-3

Inhalt

I. Ein erstes Wort zum Buch 9

II. Von Nesthockern und Freiheitssuchern 13
   Nachgefragt: Die Meinung des Experten 15
   Plötzlich erwachsen 17
   Wenn Eltern nicht loslassen können 18
   Alte Freundschaften pflegen 19
   Das Beste zum Schluss: Fazit 21

III. Das warme Nest verlassen 23
   Die Entscheidung: Gehen oder bleiben 24
   Die Wohnungssuche 26
   Die Wohnungsbesichtigung 27
   Die Möblierung 31
   Nachgefragt: Die Meinung des Experten 34
   Der Umzug 39
   Für die Daheim-Bleiber: Pendeln ist angesagt! 41
   Das Beste zum Schluss: Fazit 44

IV. Eine Wohnung für dich allein 47
   Was in deiner eigenen Wohnung garantiert
      nie passiert 48
   Was du in deiner eigenen Wohnung garantiert
      nie tun musst 48
   Was du nur in deiner eigenen Wohnung darfst 49
   Was in deiner eigenen Wohnung auf dich zukommt 49
   Einsamkeit 50
   Das Beste zum Schluss: Fazit 51

V. Die Mitbewohner – Freunde oder Feinde? 53
Was für eine WG spricht 54
Die passende WG 55
WG-Suche 57
Das WG-Leben 58
Mit Konflikten umgehen 59
Das WG-Leben gestalten 61
WG-Bewohner-Typen: Ordnungsfanatiker und Stubenhocke .. 62
Der passende Mitbewohner 64
Alarm! Die Eltern kommen 64
Das Beste zum Schluss: Fazit 65

VI. Warum ist am Ende des Geldes noch so viel Monat übrig? ... 67
Test: Dein Umgang mit Geld 68
Der richtige Umgang mit Geld 70
(Mehr) Geld einnehmen 74
Weniger Geld ausgeben 82
Exkurs: Ein Bankkonto eröffnen 84
Das Beste zum Schluss: Fazit 85

VII. Die hohe Kunst, das Studium und sich selbst zu managen 87
Nachgefragt: Die Meinung des Experten 88
Von Durchplanern und Chaoten 90
Work-Life-Balance 94
Pläne einhalten 95
Motivationstraining für jedermann 96
Ordnung ist das halbe Leben, Chaos das andere 96
Ziel: Unbekannt 97
Wie man ein Semester organisiert 100
Tagesplanung und Zeitmanagement 103
Das Beste zum Schluss: Fazit 106

Inhalt 7

- VIII. Daran führt kein Weg vorbei: Lernen 109
  - Die verschiedenen Lerntypen 110
  - Die verschiedenen Lernorte 113
  - Die richtige Lerntechnik 115
  - Kurz vor den Prüfungen 117
  - Am Tag davor 118
  - Nachgefragt: Die Meinung des Experten 118
  - Das Beste zum Schluss: Fazit 121

- IX. Pasta, Pommes & Co 123
  - Falsche Ernährung und ihre Folgen 124
  - Gesunde Ernährung 125
  - Gesund essen und trotzdem sparen – Tipps für die Küche 127
  - Günstig einkaufen 127
  - Einfache Kochrezepte – Schnell und günstig 129
  - Das Beste zum Schluss: Fazit 134

- X. Von Turteltäubchen und anderen Vögel(n) 137
  - Wie ihr euch findet 138
  - Beziehungsweise(n) 143
  - Wie ihr euch wieder trennt 148
  - Das Beste zum Schluss: Fazit 149

- XI. Freizeit – oder Wie man die Zeit vertreiben kann 151
  - Nachgefragt: Die Meinung des Experten 152
  - Du hast zu wenig Zeit? 152
  - Du hast zu viel Zeit? 153
  - Das Beste zum Schluss: Fazit 157

- XII. Die Schattenseiten des Studiums: Angst und Scheitern 159
  - Studieren ist kein Ponyhof 160
  - Ist das Studium die richtige Wahl? 161
  - Auch mal rebellieren! 162

Prüfungsangst 162
Nachgefragt: Die Meinung des Experten 163
Studenten trinken manchmal zu viel vom Falschen 164
Psychische Probleme 166
Study-Life-Balance 167
Studenten und Burnout 168
Ein kleiner Exkurs zum Nachdenken:
   Hirndoping statt Büffeln 169
Das Beste zum Schluss: Fazit 171

XIII. Die richtigen Fäden ziehen: Netzwerke 173
     Warum Netzwerke wichtig sind 175
     Was können Netzwerke? 177
     Netzwerke pflegen 178
     Engagement in Organisationen 179
     Das Beste zum Schluss: Fazit 185

Nachwort 187
Links 188
Literaturtipps 189
Über die Autoren 191

I. Ein erstes Wort zum Buch

Endlich ist es so weit! Du hast dich für eine Studienrichtung entschieden und die Universität ausgewählt. Du kannst den Semesterbeginn kaum erwarten, hast aber auch ein bisschen Angst vor dem, was auf dich zukommt. In diesem Gefühlschaos fühlst du dich vielleicht etwas orientierungslos. Du weißt zwar noch, wo dir der Kopf steht und wo oben und unten ist, aber du kannst dir irgendwie doch nicht so genau vorstellen, wo das Ganze hinführen soll. Damit du dich schneller im Studienalltag zurechtfindest, geben wir dir in diesem Buch viele hilfreiche Tipps aus erster Hand.

Dieser Ratgeber wurde von Studenten für Studenten geschrieben und enthält zahlreiche nützliche Informationen, um dir zu einem gelassenen Einstieg ins Studentenleben zu verhelfen. Du stehst vor dem Beginn eines neuen Lebensabschnitts, und ein solcher Wechsel fällt nicht leicht. In diesem Buch greifen wir die Themen auf, die einen zu Beginn des Studiums beschäftigen, und versuchen, dir wenigstens einige deiner vielen Fragen zu beantworten.

Dabei geht es zuerst um die wichtigsten Grundbedürfnisse: Du sollst weder verhungern noch vereinsamen. Auch das Dach über deinem Kopf lässt sich ebenso gemütlich wie nützlich einrichten – sei es nun deine erste eigene Wohnung oder dein Zimmer. Nicht zu vergessen ist die richtige Balance zwischen Studium und Freizeit – damit du nicht vor lauter Langeweile das Studium vernachlässigst oder wegen akutem Zeitmangel die Freizeit aufgeben musst. Und dann wäre da noch die leidige Frage nach dem Geld, von dem Studenten ja grundsätzlich immer zu wenig haben. Dieser Ratgeber bietet dir zu all diesen Punkten sowie zu vielen anderen Themen Hilfestellungen, die von uns getestet und für gut befunden wurden. Er ist sozusagen eine Kletterhilfe, um aus dem Tal der Orientierungslosigkeit herauszufinden.

In den einzelnen Kapiteln sprechen wir jeweils ein spezielles Problemgebiet an, mit dem ein Studienanfänger konfrontiert wird. Dazu gehören zum Beispiel das Selbständigwerden, das Abnabeln von den Eltern bzw. das Abnabeln der Eltern von einem selbst, oder die Probleme, die entstehen können, wenn man vom elterlichen Goodwill abhängig ist. Dabei haben wir viel Wert darauf gelegt, die Probleme nicht nur zu beschreiben, sondern verschiedene praktische Lösungswege aufzuzeigen. Und zur wissenschaftlichen Vertiefung haben wir die Meinung von Experten eingeholt.

Um diesen Ratgeber so praxisnah wie möglich zu gestalten, haben wir in unserer eigenen Erfahrungsschatzkiste gewühlt und uns an die schwierigen Situationen erinnert, mit denen wir bei Studienbeginn zu kämpfen hatten. Beispielsweise an den Angstschweiß jedes Mal, bevor wir die Waschmaschine öffneten und uns fragten, was wohl dieses Mal verfärbt wurde. Oder an die Raviolidose, die fälschlicherweise im Ofen landete.

Cammis steht für Christa, Anna, Muriel, Markus, Irene und Sebastian. Wir sind sechs Studenten, aus drei Ländern, Deutschland, Österreich und Schweiz, doch alle studieren wir an derselben Uni in St. Gallen. Außer Christa, die Jura studiert, versuchen alle anderen ihr Studium in Betriebswissenschaften zu meistern. Die einen von uns wohnen im WG-Zimmer, die anderen haben ihre eigenen vier Wände. Vor gar nicht langer Zeit waren wir noch in der gleichen Situation. Auch uns wurde immer wieder gesagt, dass alles viel klarer aussieht, wenn man das erste Semester einmal überstanden hat. Und genau wie du konnten wir uns das nicht wirklich vorstellen. Aber jetzt wissen wir: Es stimmt. Und bis dahin geht es einfach nur darum, zu überleben. Und dabei soll unser Buch dir helfen. Viel Spaß dabei!

MONA

Mona wird dich durch diesen Ratgeber begleiten. Mona ist eine aufgeweckte Studentin, die vor Kurzem das Gymnasium abgeschlossen hat und sich nun ins Studienleben stürzt. Sie kommt aus Bonn und studiert im ersten Semester an der Charité-Universität in Berlin Medizin. Ärztin mit Leib und Seele, das wollte sie schon immer werden. Auch Monas große Schwester studiert. Sie steht kurz vor ihrem Bachelorabschluss. Und dann gibt es da noch Lisa. Sie ist sozusagen Monas bessere Hälfte, eben eine wahre Freundin. Sie studiert in Bonn und wohnt noch bei ihren Eltern. Alleine zu wohnen, kam für Mona von Anfang an nicht in Frage, das war einfach nicht ihr Ding. Im Studentenwohnheim gefiel es ihr auch nicht, dort war es ihr irgendwie zu eng. Darum hat sie sich für ein WG-Zimmer entschieden.

Monas erster Tag an der Uni verlief nicht gerade glamourös. Trotz einer exakten Wegbeschreibung ihrer Mitbewohner konnte sie den Raum, in dem ihre erste Vorlesung stattfinden sollte (Raum 22-U156, um genau zu sein), nicht finden. Sie war schon zwölf Minuten zu spät dran, und das alles nur wegen dieses verflixten 22-U-irgendwas-Raums. Nervös lief sie durch die langen Gänge der Uni. Und genau in diesem Moment kam er wie aus dem Nichts: Der wahnsinnig gut aussehende und zugleich heldenhafte Italiener. Sein Name war Vinci, wie sich später herausstellte. Er erkannte an Monas verzweifeltem Gesichtsausdruck, dass sie Hilfe brauchte, und führte sie bis zum Eingang des Hörsaals, wo sie noch ein bisschen plauderten.

Da stand sie nun, mit einem Fuß im Vorlesungsraum, die Türklinke noch in der Hand, wie gelähmt von den Blicken ihrer KommilitonInnen, die sehen wollten, wer da zu spät kam. Doch Monas Gedanken waren bei Vinci, seinem Lachen und seinen Wuschelhaaren. Alles halb so wild, versicherte sie sich selbst. Wer hätte gedacht, dass sie gleich am ersten Tag eine so nette Bekanntschaft machen würde?

Und weil man sich immer zweimal im Leben sieht, stand am Ende der Woche, auf der Erstsemesterparty, plötzlich Vinci wieder vor Mona, mit einer Marguerita in der Hand. Als hätte er es geahnt – das war nämlich ihr absoluter Lieblingsdrink. An diesem Abend ist Mona endgültig dem Charme von Vinci erlegen.

II. Von Nesthockern und Freiheitssuchern

In der ersten Woche telefonierte Mona jeden Tag mit ihren Eltern und mit ihrer besten Freundin Lisa. Sie konnte es kaum erwarten, ihnen abends zu erzählen, was sie tagsüber an der Uni erlebt hatte. Auch ihre anderen Freundinnen in Bonn wollten erfahren, wie es ihr in der neuen Stadt erging, wie die Studentenpartys waren und ob es auch ein paar nette Jungs in ihrem Studiengang gab. Doch als die Wochen vergingen, fand Mona immer weniger Zeit, mit ihren Lieben in Bonn zu reden. Aus den täglichen Telefonaten wurden wöchentliche, und auch E-Mails konnte sie nicht mehr sofort beantworten. Sie hatte einfach an der Uni zu viel zu tun. Außerdem hatte Mona in der Zwischenzeit nette Kommilitonen kennengelernt, mit denen sie gern und viel Zeit verbrachte. Nicht, dass ihr ihre alten Freunde nichts mehr bedeutet hätten, ganz im Gegenteil! Mona hätte sich gern etwas mehr Zeit gewünscht, um sich öfter bei ihnen melden zu können. Aber sie fand es genauso wichtig, sich in der neuen Stadt einzuleben und hier ihre Kontakte zu knüpfen. Eines Tages rief Mona ganz aufgeregt bei Lisa an, um ihr von ihrem ersten richtigen Date mit Vinci zu erzählen. Aber Lisa reagierte ganz anders als erwartet: »Seit Wochen meldest du dich nicht bei mir, weil du angeblich zu beschäftigt bist. Aber für diesen Italiener, den du fast nicht kennst, findest du natürlich sofort Zeit. Da sieht man mal, wie viel dir unsere Freundschaft wert ist«, sagte Lisa wütend und legte auf. Mona sah verdutzt den Hörer an und verstand die Welt nicht mehr. Auch ihre Mutter hatte sich schon beschwert, dass sie sich zu selten meldete. Konnten sie denn nicht verstehen, dass sie nun hier in Berlin ihr eigenes Leben lebte und nicht jeden Tag anrufen konnte? Und was hatte denn Vinci mit der ganzen Sache zu tun?

Nach einigem Grübeln kam sie zum Schluss, dass ihre Eltern und Lisa vielleicht doch ein kleines bisschen recht hatten. Sie hatte sich in letzter Zeit wirklich selten gemeldet.

Mona nahm sich vor, in Zukunft wieder häufiger in Bonn anzurufen, denn sie wollte weder ihre Eltern verärgern noch den Kontakt zu Lisa verlieren …

Spätestens mit dem Studium beginnt die Abnabelung der jungen Erwachsenen vom Elternhaus – die Kinder verlassen das elterliche Nest, fangen an ihr Leben aufzubauen und gehen ihren eigenen Weg. Ausziehen und sein eigenes Leben zu führen, klingt zunächst sehr verführerisch. In der Durchführung ist es meist jedoch viel schwieriger, da der erste Weg in die Selbständigkeit oft voller Hindernisse ist – und plötzlich sind keine Eltern mehr in unmittelbarer Nähe, die die Verantwortung übernehmen. Kinder wie Eltern müssen lernen, loszulassen und ihre eigene Richtung einzuschlagen.

Dabei lassen sich die Studenten, die flügge werden, in verschiedene Typen einteilen. Einige würden am liebsten ihr ganzes Leben lang bei Mama und Papa wohnen, und manche davon lieben ihre Eltern tatsächlich so sehr, dass sie einfach nicht ausziehen wollen. Viele sind aber einfach nur zu faul. Schließlich ist es sehr angenehm, wenn für alles gesorgt wird. Der Kühlschrank ist wie von Zauberhand immer gut gefüllt und die Wäsche wäscht sich praktisch von selbst. Warum also das gemütliche Zuhause verlassen?

Dann gibt es jene Studenten, die eigentlich schon von zu Hause ausgezogen sind, in Wirklichkeit aber immer noch bei den Eltern wohnen – sie schlafen nur nicht mehr dort. Sie essen daheim, waschen dort ihre Wäsche – oder lassen sie waschen –, und manchmal kommt Mama sogar vorbei und trimmt die Studentenbude wieder auf Hochglanz. Der verwöhnte Spross kann sich in aller Ruhe seinem Studium und vor allem den Partys widmen. Die Frage ist nur: Wie lange soll das so weitergehen? Irgendwann leidet entweder die arme Mutter am Burnout-Syndrom oder der eigene Wunsch nach Freiheit siegt schließlich doch.

Auch wenn es die Nesthocker kaum glauben werden: Das Hotel Mama hat auch Nachteile. Dazu zählen die Blicke, wenn du morgens nicht wie gewohnt allein, sondern in

Begleitung zum Frühstück kommst, ebenso wie die Fragen, wo du denn gestern Abend warst, was du dort gemacht hast und wann du zurückgekommen bist, die du nur schwer beantworten kannst, weil du dich selbst nicht mehr so genau daran erinnerst. Und ganz egal, wie gut man sich eigentlich versteht – es besteht die Gefahr, sich irgendwann gegenseitig auf die Nerven zu gehen, weil sich die Lebensentwürfe komplett verschieben und einfach nicht kompatibel sind.

Es gibt aber auch Studenten, die genau solchen Situationen aus dem Weg gehen möchten. Im Gegensatz zu den Nesthockern können sie es kaum erwarten, von zu Hause auszuziehen und die Welt auf eigene Faust zu erkunden. Sie suchen sich eine eigene Wohnung oder ein Zimmer in einer WG und wollen dort möglichst ohne die Einmischung der Eltern leben. Natürlich hören auch sie gelegentlich gerne auf elterlichen Rat – besonders in der Anfangsphase, wenn neue Aufgaben und Herausforderungen auf sie warten. Grundsätzlich lösen sie sich jedoch von ihren Eltern und versuchen nun, das Leben allein so gut wie möglich zu meistern.

Nachgefragt: Die Meinung des Experten

Frau Dr. Resch, was bedeutet Abnabelung genau?
Sich vom Elternhaus abzunabeln, bedeutet, eigenständig zu werden, einen eigenen Standpunkt zu entwickeln und die Grenzen zu hinterfragen, die von den Eltern vorgelebt wurden. Man schafft sich größere Freiräume und beginnt, sein eigenes Leben in die Hand zu nehmen. Der Auszug aus dem elterlichen Nest ist dabei nur eine Zäsur unter vielen im weiteren Leben. Jede Person sollte beim Start in ein eigenes Leben ihr eigenes Tempo finden: Manche brauchen etwas länger, bei anderen geht es wiederum sehr schnell.

Frau Dr. Dörte Resch ist von der Psychologischen Beratungsstelle der Universität St. Gallen und betreut Studierende mit Prüfungs- und Versagensängsten

Haben es pendelnde Studierende schwerer, sich abzunabeln?
Pendelnden Studierenden kann es schwerer fallen, sich abzunabeln, weil sie ständig den Spagat zwischen Kinderrolle im Elternhaus und dem StudentInnendasein leisten müssen. Sie müssen sich fragen: Wie kann ich den Anforderungen in der Uni und denen zu Hause gerecht werden? Wie kann ich mir selbst Freiräume schaffen? Welche Rechte, welche Pflichten habe ich?

Wie lange wirkt elterlicher Rat unterstützend und wann wird er zur Einmischung?
Das ist bei jeder Person verschieden, denn die Grenzen sind sehr unterschiedlich. Jeder muss für sich selbst die Frage beantworten: Wie gerne nehme ich den Rat der Eltern an, oder möchte ich lieber selbst meine eigenen Werte und Normen bilden? Ist das, was ich daheim gelernt habe, wirklich immer richtig? Oder gibt es auch Situationen, die ich so noch nicht erlebt habe, für die neue Werte und Normen gebildet werden müssen?

Was raten Sie Studierenden, die Probleme damit haben, sich ein eigenes Leben aufzubauen?
Ich denke, dass es im Laufe des Lebens dazugehört, an die eine oder andere Grenze zu stoßen. Eine Möglichkeit ist, dass dies im Studium geschieht. Wenn jemand der Meinung ist, dass er oder sie allein nicht mehr weiterkommt, sollte die Person sich eingestehen, dass es so ist. Es bedeutet kein persönliches Scheitern, sondern vielmehr geht es nun darum, sich Unterstützung zu holen. Dies kann bei den Eltern sein, aber auch Freunde und Freundinnen oder Bekannte können eine große Hilfe sein.

Auch sollte sich niemand scheuen, bei Problemen eine Beratungsstelle zu kontaktieren. Häufig gibt es an den Unis speziell für Studierende ein entsprechendes Angebot mit qualifizierten Beratenden, die oft mit diesen Schwierigkeiten zu tun haben. Meist hilft es schon weiter, die Situation einfach einmal aus einem anderen Blickwinkel zu betrachten. Und dabei können die Beratenden helfen.

Plötzlich erwachsen

Irgendwann ist man dann von daheim ausgezogen, wohnt vielleicht in einer neuen Stadt und ist auf sich allein gestellt. Aber nur, weil man sich ab sofort Student nennen darf, fühlt man sich nicht unbedingt erwachsen. Man ist plötzlich für viele Dinge verantwortlich – für die Organisation seines Studiums, für den Haushalt und nicht zuletzt für sich selbst. Das kann einen am Anfang schon mal überfordern.

Der erste Schritt im Prozess der Abnabelung von den Eltern ist meistens der Auszug von daheim. Du packst deine Koffer und verlässt das Zuhause deiner Kindheit – das ist eine der größten Veränderungen in deinem Leben. Von jetzt an hast du deinen eigenen Haushalt und damit auch dein eigenes Leben. Aber der Auszug ist nur die erste Etappe im Abnabelungsprozess. Die weiteren Schritte sind nach außen hin nicht so klar erkennbar und gehen eher langsam vor sich. Viele Studenten fahren gerade in den ersten Wochen noch oft zu ihren Eltern. Sie fühlen sich dort immer noch zu Hause und haben viele Freunde in ihrem Heimatort. Meistens werden diese Besuche aber mit der Zeit seltener. Das liegt daran, dass man am Studienort Freunde findet, die Stadt besser kennenlernt und sich an die neue Situation gewöhnt. Man nabelt sich nicht nur vom Elternhaus, sondern auch von der eigenen Kindheit und dem alten Freundeskreis ab. Irgendwann ertappt man sich dabei, dass man seine Studentenbude als neues Zuhause betrachtet. Man fühlt sich dort wohl und ist auf einmal froh, nach einem Wochenende im alten Zuhause wieder in die eigenen vier Wände zurückzukönnen. Und wenn man dann seine Eltern besucht, lernt man den Luxus, den man dort genießen kann, zu schätzen. Nichts ist schöner, als morgens zusammen am schön gedeckten Frühstückstisch zu sitzen und frische Brötchen zu essen.

Wenn Eltern nicht loslassen können

»Denk daran, deine dreckige Wäsche mitzubringen, wenn du nach Hause kommst!« Wer solche oder ähnliche Sätze schon gehört hat, hat auf jeden Fall sehr fürsorgliche Eltern. Unter Umständen kann die Fürsorge aber auch zu weit gehen, denn manchen Eltern fällt es schwer, zu akzeptieren, dass der Nachwuchs ausgezogen ist und auf eigenen Beinen stehen möchte. Sie verstehen nicht, dass sich der Lebensmittelpunkt ihres Sprösslings verschoben hat.

Gesunde und übertriebene Unterstützung

Natürlich ist es wunderbar, umsorgt zu werden und jemanden zu haben, den du bei Problemen um Rat fragen kannst. Wenn Eltern aber ihre eigenen Erfahrungen auch ungefragt anbieten, wird aus dem Beraten schnell ein Einmischen. Dann ist es wichtig, deinen Eltern zu sagen, dass du ihre Hilfe zwar schätzt, aber deine eigenen Erfahrungen machen möchtest – und zwar ohne sie zu verletzen.

Grundsätzlich ticken alle Eltern anders. Daher gibt es auch keine allgemeingültige Strategie, die Eltern klarmacht, dass sie einem auf die Nerven gehen. Wenn du jedoch bestimmte Regeln einhältst, stehen die Chancen gut, dass deine Eltern dich richtig verstehen und es dir nicht übel nehmen, dass du deinen eigenen Weg gehen willst.

Experten-Tipp

Unsere Expertin, Frau Dr. Resch von der psychologischen Beratungsstelle der Uni St. Gallen, schlägt für elterngeplagte Studenten folgende Strategie vor: Wenn man keine konfrontative Auseinandersetzung möchte, sondern die Eltern für das eigene Vorhaben gewinnen will, kann es hilfreich sein, sich zunächst in die Lage der Eltern zu versetzen. Dazu gehst du folgendermaßen vor:

Im ersten Schritt sprichst du die Situation an:
1. »Mama / Papa, du sorgst dich um mich, nicht wahr?« Die meisten Mütter und Väter werden das mit Ja beantworten.

Der zweite Schritt soll zu einem gemeinsamen Ziel führen:
2. »Ich bin jetzt ja ausgezogen und wohne allein. Ich möchte mein eigenes Leben starten. Willst du, dass ich ein eigenständiger Mensch werde?« Die meisten Eltern werden auch diese Frage mit Ja beantworten.

Im dritten Schritt äußerst du deine Bedürfnisse und machst einen konkreten Vorschlag oder formulierst eine Bitte an deine Eltern:
3. »Es würde mir helfen, einen festen Telefontermin zu vereinbaren – zum Beispiel einmal die Woche.« Autsch – das hat gesessen. Aber wenn du deine Eltern bis hierhin gut vorbereitet hast, werden sie zwar stutzen, aber nicht gleich auf Abwehr schalten, sondern versuchen, gemeinsam mit dir einen Kompromiss zu finden. Falls du auf Nummer sicher gehen möchtest, ob die Botschaft bei deinen Eltern wirklich angekommen ist, kannst du nochmals nachhaken: »Wenn du zwischendurch den Drang verspürst, mich anzurufen, könntest du dir die Themen doch aufschreiben, um sie beim nächsten Telefonat mit mir zu besprechen.«

Alte Freundschaften pflegen

Im Gymnasium wart ihr die besten Freunde, doch seit ihr an verschiedenen Unis studiert, habt ihr nichts mehr voneinander gehört … Die Kumpels, mit denen du früher jede freie Minute verbracht hast, studieren an anderen Orten und sind plötzlich weit weg. Oder du bist selbst in eine andere Stadt gezogen und kommst nur noch selten nach Hause. Vielen Studenten geht es so: Am Anfang werden die alten Kontakte noch weiter gepflegt, doch in der Regel verlieren sich die meisten schnell aus den Augen. Nur noch der harte Kern bleibt übrig. In der heutigen Zeit der weltweiten Verkabelung fällt es natürlich leichter, in Kontakt zu bleiben – wenn das Bedürfnis danach überhaupt noch besteht. Denn im Laufe des Studiums verändern sich die Jugendfreunde. Sie entwickeln ihre Persönlichkeit weiter, haben neue Interessen und setzen andere Prioritäten. Vielleicht habt ihr irgendwann nicht mehr so viele Gemeinsamkeiten wie früher und das Bedürfnis, euch zu treffen, sinkt. Dann nabelst du dich von deinen früheren Freunden genauso ab wie von deinen Eltern. Das ist vielleicht traurig, aber völlig normal und verständlich – eure Lebenswege haben sich getrennt. Freundschaften, die auch über große Distanz bestehen bleiben, verändern sich ebenfalls, sie werden meist reifer und erwachsener. Du musst selbst entscheiden, ob du akzeptieren möchtest, dass manche Freundschaften einfach im Sand verlaufen oder ob du um bestimmte kämpfen möchtest.

Möglichkeiten, um zumindest in der ersten Zeit – und hoffentlich auch darüber hinaus – in Kontakt zu bleiben, bieten verschiedene Messenger-Angebote wie msn oder icq, Internetforen und -portale wie StudiVZ oder vielleicht die schuleigene Website. Ihr könnt aber auch durch einen monatlich stattfindenden Klassenstammtisch in Kontakt bleiben, zu dem jeder kommen kann, der sich gerade in der Stadt befindet. Oder ihr organisiert regelmäßig ein Klassentreffen, das nicht so pompös ausfallen muss wie man es aus Hollywood-Streifen kennt. Das Problem dabei ist, dass ein paar Leute sich der Sache annehmen müssen. Daran scheitern leider viele dieser Zusammenkünfte, denn ohne Organisation verläuft das Ganze schnell im Sand. Dabei ist es gar nicht aufwändig, einen solchen Event zu organisieren. Auch hier ist das Internet dein Freund und Helfer: Meist reichen schon eine Massen-E-Mail und ein Anruf in der Lieblingskneipe, um einen Tisch zu reservieren.

Das Beste zum Schluss: Fazit

Du solltest dein eigenes Tempo finden und selbst entscheiden, wie schnell du dich von deinen Eltern lösen möchtest. Überstürze nichts und lass dich nicht von anderen in deiner Entscheidung beeinflussen.

> **Tipps**
> - Wenn deine Eltern dir nicht genügend Spielraum lassen, dann sprich mit ihnen und versuche, ihnen deine Situation verständlich zu machen. In der Regel entsteht ihre übertriebene Fürsorge aus der Angst heraus, dich loszulassen.
> - Wenn du deine alten Freunde nicht aus den Augen verlieren möchtest, dann ergreife selbst die Initiative. Organisiere einen regelmäßigen Klassenstammtisch oder gründe eine StudiVZ-Gruppe.

III. Das warme Nest verlassen

Nach stundenlanger Suche im Internet nach einem passenden Zimmer war sich Mona sicher, die besten Angebote ausgewählt zu haben. Vor allem das eine Inserat interessierte sie, das helle Zimmer, mit riesiger Terrasse und coolen Mitbewohnern! Zusammen mit Lisa ging sie die Wohnung besichtigen und musste feststellen, dass allein die Beschreibung noch lange nichts aussagt. Denn hell war das Zimmer ja schon, aber so groß wie ein Wandschrank. Die Terrasse war zugemüllt und der Mitbewohner, der sie begrüßte, sah aus, als hätte er seit zwei Wochen sein Bad nicht mehr betreten. Mona fragte sich, was die anderen wohl unter cool verstehen! Fluchtartig verließ sie zusammen mit Lisa die Wohnung. Aber zum Glück fand sie Leute, die unter cool dasselbe verstanden wie sie. So fand sie ein helles und auch großes Zimmer in einer netten Dreier-WG in der Nähe der Uni.

Eigentlich ist doch alles bereit fürs Studium, du bist auch schon eingeschrieben. Aber da gibt es noch eine wichtige offene Frage, die dich beschäftigt: Soll ich ausziehen oder bleibe ich zu Hause wohnen? Für die einen ist klar: »Ich muss ausziehen!« Für andere ist offensichtlich: »Ich bleibe zu Hause.« Dann gibt es jene, die wissen: »Ich will zwar ausziehen, aber meine Eltern lassen mich nicht«, jene, die gar nicht ausziehen wollen, aber müssen, da die Uni in einer anderen Stadt ist, und zu guter Letzt jene, die nicht so genau wissen, ob sie zu Hause wohnen

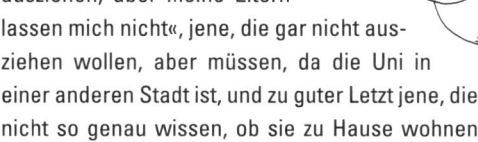

bleiben und pendeln sollen oder wollen. Die Möglichkeiten sind also mehr als vielfältig! Und all diese Probleme haben etwas gemeinsam, denn auf jeden Fall hinterfragt man seine Wohnsituation, wenn man mit dem Studium anfängt. Ein neuer Lebensabschnitt beginnt, und dabei muss geklärt werden, wie viel sich tatsächlich ändern soll. Gerade die Entscheidung, ob du auszieht oder lieber von zu Hause aus zur Uni fährst, ist hier sehr wichtig.

Die Entscheidung: Gehen oder bleiben?

Ein klarer Fall liegt vor, wenn die Universität einfach zu weit entfernt ist, um jeden Tag vom Elternhaus zum Campus zu fahren. Vielleicht ist die Universität sogar in einem anderen Land. Dann ist in jedem Fall ein Umzug angesagt und das elterliche Nest bleibt leer zurück. Vielleicht bereitet dir diese Vorstellung Magenschmerzen, da dir die liebevolle Fürsorge von Mama fehlen wird und du die neue Herausforderung fürchtest. Auch wenn du schon sehr selbständig bist, kann es sein, dass dir plötzlich in den Sinn kommt, was du alles noch nicht weißt. Du stellst dir die Frage: »Ich und ein eigener Haushalt, geht das gut?«

Als Erstes einmal tief durchatmen: Auch du wirst einen Haushalt führen können. Falls du aber lieber nicht ganz alleine sein möchtest, dann ist es ratsam, dich für eine WG oder für ein Studentenheim zu entscheiden. Allerdings muss das nicht unbedingt immer von Vorteil sein – aber dazu später.

Es gibt natürlich auch Studenten, die sich unglaublich auf ihre eigene Bude freuen und den Tag nicht mehr erwarten können, an dem sie endlich von zu Hause ausziehen.

Entschließt du dich dazu, von zu Hause auszuziehen, musst du dir überlegen, wohin es gehen soll. Möchtest du in einer WG, einer eigenen kleinen Wohnung oder in einem Studentenheim wohnen? Wenn du dich zwischen einer WG oder einer eigenen Wohnung entscheiden musst, liest

du am besten das Kapitel *Eine Wohnung für dich allein*. Falls du ein Studentenheim in Erwägung ziehst, solltest du dir folgende Fragen stellen:
- Macht es mir was aus, eine Stockwerkdusche zu benutzen?
- Ist mir Eigenständigkeit, Unabhängigkeit und freie Zeiteinteilung sehr wichtig?
- Stört es mich, wenn viele Studenten, die ich gar nicht richtig kenne, mitkriegen, wenn ich jemanden mit nach Hause bringe?
- Macht es mich nervös, wenn andere Studenten aus höheren Semestern ständig davon sprechen, was noch alles auf mich zukommen wird?

Wenn du diese fünf Fragen mit Nein beantwortet hast, dann könnte das Studentenheim für dich in Betracht kommen. Jetzt gilt es nur noch abzuklären, ob es in der Nähe deiner zukünftigen Universität ein Studentenheim gibt, welche Arten von Zimmern dort vorhanden sind und was sie kosten.

Der Vorteil von Studentenheimen ist vor allem die günstige Miete. Zudem eignet sich ein Wohnheim hervorragend dazu, möglichst schnell Leute kennenzulernen und Fuß zu fassen. Wer sich also in der neuen Stadt und an der Uni erst einmal in Ruhe eingewöhnen will, dem bieten die Studentenheime die perfekte Unterkunft. Meistens kann man nach jedem Semester neu entscheiden, ob man weiter im gemieteten Zimmer bleiben möchte oder ob man sich nach einer anderen Bleibe umsehen will. Bis dahin kennst du vielleicht jemanden, mit dem du zusammenziehen möchtest, oder du hast deine Traumwohnung gefunden. Auf jeden Fall kann dir ein Zimmer in einem Wohnheim den Anfang erleichtern, wenn du eher Angst vor dem Neubeginn in einer fremden Stadt hast. Achte aber auf eine rechtzeitige Anmeldung, denn diese Studentenunterkünfte sind oft sehr beliebt. An vielen Unis gibt es Wartezeiten über mehrere Semester. Auf den jeweiligen Homepages der Unis findest du nähere Informationen zu Wartezeiten und Aufnahmebedingungen. Falls du zu den Unglücklichen gehören solltest, die kein Zimmer mehr bekommen, dann erkundige dich gleich bei der Verwaltung, wo du weiter suchen kannst. Dort wird man dir sicherlich gerne weiterhelfen.

Die Wohnungssuche

Hast du dich gegen ein Studentenheim und für eine eigene Wohnung entschieden, ist der nächste Schritt die Wohnungssuche. Aus unzähligen Annoncen musst du nun »die Richtige« finden: Preis und Lage sollen möglichst deinen Erwartungen entsprechen. Eine passende Wohnung zu finden, kann sehr einfach, aber auch kompliziert werden. Damit du weder im Chaos versinkst noch den Überblick verlierst, ein kleiner Tipp: Wenn du dich für die Suche an den Computer setzt oder hinter der Zeitung verkriechst, halte immer Karteikarten bereit. Lege einfach zu jeder Wohnung, beziehungsweise zu jedem Zimmer, das dir gefällt, eine eigene Karteikarte mit den wichtigsten Daten an. Dazu gehören folgende Angaben: Adresse, eine kurze Notiz zur Lage sowie zur Entfernung von der Uni, Mietpreis, Nebenkosten, Vermieter, Mietdauer, Größe usw. So kannst du am Schluss die einzelnen Angebote schneller und einfacher vergleichen. Zudem kannst du diese Karte mit zur Besichtigung nehmen und dir weitere wichtige Informationen darauf notieren. Falls eine Wohnung nicht in Frage kommt, kennzeichnest du die Karte und legst sie auf einen eigenen Stapel.

Beispiel:

VORDERSEITE

Herr / Frau Vermieter/in   Datum der Besichtigung

Mietpreis   Nebenkosten
Mietdauer   Größe

Straßenname
Distanz zur Uni   Öffentliche Verkehrsmittel

RÜCKSEITE

Notizen:

Um die Suche von Anfang an zu erleichtern, solltest du dir Kriterien für eine Rangliste überlegen, wie zum Beispiel:
- Lage (Stadtteil, Distanz zur Uni)
- Anschluss an den öffentlichen Verkehr
- Weg zur Uni (ÖV, zu Fuß, Fahrrad)
- Wo leben viele Studenten
- Mietpreis
- Größe
- Anzahl der Zimmer
- Einkaufsmöglichkeiten

Sobald du deine Auswahlkriterien notiert hast, kannst du die Wohnungsannoncen durchforsten und viel leichter bewerten. Wohnungsanzeigen findest du in örtlichen Zeitungen und auf verschiedenen Internetseiten. Vielleicht bietet die Universität auch einen Wohnungsmarkt an – durchforste mal die Links auf der Uni-Homepage.

Die Wohnungsbesichtigung

Wenn du einige attraktive Angebote gefunden hast, vereinbarst du mit dem Vermieter einen Termin, um die Wohnung zu besichtigen. Frag ihn am besten auch gleich, welche Dokumente und Informationen er von dir benötigt.

Wenn du zu einer Besichtigung gehst und noch ein bisschen unsicher bist, nimm einen guten Freund mit. Bei Untermieten oder zukünftigen WG-Mitbewohnern ist Vorsicht geboten. Wenn du deine potenziellen Wohnungsgenossen kennenlernst, solltest du bedenken, dass du mit diesen Personen zusammenleben musst. Sympathie spielt hier eine große Rolle – außer du liebst die Herausforderung. Dann sind etwas seltsame Mitbewohner und Vermieter vielleicht genau das, was du suchst.

Es ist wichtig, dass du dir schon vor der Besichtigung überlegst, welche Fragen du stellen möchtest. Schreib sie auf (und nimm den Zettel mit!), sonst vergisst du vor lauter Aufregung vielleicht etwas.

Besonders für jene, die in ein anderes Land ziehen, ist es wichtig, sich vorab zu erkundigen, wie die Wohnungen dort üblicherweise ausgestattet sind. Gerade wenn du alleine wohnen wirst, ist es zum Beispiel essenziell, zu wissen, ob du eine Waschmöglichkeit hast, sei es in der Wohnung oder im Haus, oder ob du dich mit dem Gedanken anfreunden musst, Stammgast eines nahe gelegenen Waschsalons zu werden.

Für alle gilt: Bei der Wohnungsbesichtigung unbedingt die Fenster öffnen! So kannst du Straßenlärm und unangenehm riechende Gegenden schnell entlarven. Frage auch nach dem Sonnenverlauf, damit du die Helligkeit der Wohnung einschätzen kannst. Schau auch nach, ob ein Kühlschrank vorhanden ist und wie die Heizmöglichkeiten sind.

Weitere wichtige Fragen sind zum Beispiel:
- Gibt es spezielle Hausregeln?
- Falls du ein Instrument spielst: Erkundige dich, ob dies erlaubt ist!
- Wenn du ein Haustier hast: Frag nach, ob es in dieser Wohnung willkommen ist.
- Gibt es einen Internet- bzw. Telefonanschluss?
- Wo kannst du dein Fahrrad unterstellen?
- Steht dir ein Keller- oder Dachbodenabteil zur Verfügung?
- Wie weit ist die nächste Einkaufsmöglichkeit entfernt?
- Wie sieht es mit der Anbindung an den öffentlichen Verkehr aus?
- Gibt es weitere Studenten im Haus?

- Falls es nicht in der Annonce stand – frag nach der Höhe der Nebenkosten und erkundige dich, welche Kosten (Strom, Wasser, usw.) in der Miete einbegriffen sind.

Für die Abenteurer gibt es auch eine außergewöhnliche Art der Wohnungssuche. Dazu fährst du einfach los, gehst in die Häuser, die dir gefallen, und meldest dich da, wo etwas ausgeschrieben ist. Fenster ohne Vorhänge oder Zimmer ohne Möbel weisen oft auf freie Wohnungen hin; man kann natürlich einfach bei Bewohnern klingeln oder vielleicht hängt im Treppenhaus ein Zettel mit einer Telefonnummer der Hausverwaltung, bei der du dich nach einer freien Wohnung erkundigen kannst. Möglicherweise bekommst du keine Wohnung genau in diesem Haus, dafür aber einen Hinweis auf andere freie Wohnungen. Dies ist sicherlich der ungewöhnlichere Weg – aber es macht viel Spaß, so nach seiner Traumwohnung zu suchen.

Falls dir eine Wohnung gefällt, dann bewirb dich, falls nötig, beim Vermieter und vermerk dies auf deiner Karte. Da es sein kann, dass du eine Absage bekommst, solltest du dich nicht gleich nach der ersten Bewerbung zufrieden zurücklehnen, sondern auf jeden Fall noch weitersuchen. Da zu Semesterbeginn oft viele Studenten eine Wohnung suchen, finden oft sogenannte Sammelbesichtigungen statt. Das heißt: Viele Interessenten werden miteinander zur Wohnungsbesichtigung gebeten. Gerade unter solchen Umständen solltest du auf jeden Fall einen guten Eindruck machen, da deine Konkurrenz direkt neben dir steht. Ordentliche Kleidung und freundliches Auftreten sind aber bei jeder Art von Wohnungsbesichtigung ein Muss, schließlich will der Vermieter seine Wohnung in ordentlichen Händen wissen. Zudem kann es sein, dass du über deine Einkünfte Auskunft geben musst. Wenn du selbst nicht oder nicht genug verdienst, hilft oft eine Bürgschaft deiner Eltern. Am besten kannst du belegen, wie die monatliche Miete gezahlt werden kann – entweder durch das eigene Monatseinkommen, eine Bürgschaft oder indem deine Eltern den Mietvertrag direkt abschließen.

Wird dir eine Wohnung angeboten, ist es wichtig, den Mietvertrag zu prüfen. Falls du dich damit nicht auskennst, frag jemanden um Rat. Lies den Vertrag genau durch und erkundige dich, wenn dir eine Klausel nicht klar ist.

Hier noch einige Tipps, was du vor dem Unterzeichnen des Mietvertrages beachten solltest: Im Vertrag müssen alle Nebenkosten aufgelistet sein. Was im Vertrag nicht separat genannt wird, ist im Mietzins enthalten und darf vom Vermieter nicht zusätzlich zu den Mietkosten berechnet werden. Ebenfalls im Vertrag enthalten ist die Mietkaution bzw. das Depot. Grundsätzlich ist es so, dass du dem Vermieter nicht mehr als drei Monatsmieten überweisen musst. Warum aber verlangt der Vermieter zu Beginn des Mietverhältnisses so viel Geld von dir? Die Mietkaution dient dem Vermieter gewissermaßen als Sicherheit, falls ein Mieter seinen Verpflichtungen nicht nachkommt und zum Beispiel die Miete nicht bezahlt, oder wenn er die Wohnung bei seinem Auszug mit erheblichen Schäden hinterlässt. Und weil wir gerade von Schäden reden: Du solltest unbedingt daran denken, bei der Übernahme der Wohnung eine Mängelliste zu erstellen, die du und der Vermieter anschließend unterzeichnet. Schau dir alles genau an und mach am besten Fotos von den entdeckten Mängeln. Dreh auch die Wasserhähne auf und teste die WC-Spülung – wenn du die Wohnung erst einmal übernommen hast, wird es schwierig, zu beweisen, dass die Schäden bereits vor deinem Einzug bestanden haben. Mit einem solchen Übergabeprotokoll sicherst du dich ab und musst später bei Kündigung des Mietvertrages auch nicht für Schäden aufkommen, die schon vor deinem Einzug vorhanden waren.

Im Mietvertrag sollten auch die geltenden Kündigungsfristen ersichtlich sein. Für gewöhnlich gilt eine Frist von drei Monaten. Und noch zum Schluss: Wirf einen kurzen Blick auf die Hausordnung. Gibt es viele Regeln und Verbote? Unter Umständen kann nämlich ein Verstoß gegen diese Regeln Anlass zur Kündigung geben.

Ist der Vertrag erst einmal unterzeichnet, hast du den ersten Schritt geschafft: Du hast nun eine Wohnung oder ein Zimmer in einer WG. Es steht dir nichts mehr im Weg. Du kannst ausziehen!

Die Möblierung

Dein Umzug steht bevor und du hast noch keinen blassen Schimmer, wie du dein Zimmer einrichten sollst? Diese Entscheidung ist nicht leicht, denn die Auswahl sowie auch die Preis- und Qualitätsunterschiede bei Möbeln sind riesig. Bei der Zimmereinrichtung sind außerdem Kreativität und Improvisation gefragt. Denn wie es am Ende aussieht und ob wirklich alles deinen Erwartungen entspricht, weißt du erst, wenn alles an seinem Platz steht! Hier noch ein kleiner Tipp im Voraus: Hast du bereits einige Möbel, die du ins neue Heim mitnehmen willst, so orientierst du dich am besten an diesen und kaufst die anderen Möbel passend dazu. Denn das Ganze sollte eine gewisse Einheit bilden und aufeinander abgestimmt sein, sonst hast du ein zu großes Durcheinander in deinem neuen Zuhause. Außer du magst das, so etwas soll's ja auch geben!

Die Möbel-Basics

Kommen wir nun zu den essenziellen Bestandteilen, die auf keinen Fall in einem Zimmer fehlen dürfen. Zuerst das Bett: Es reicht schon eine Matratze auf Holzpaletten oder ein ausziehbares Sofa – aber komfortabel muss es sein. Auch ein Schrank, eine Kommode oder ein Kleiderständer muss her. Und dann gibt es da noch ein Möbelstück, bei dem insbesondere die Studentinnen schwach werden: den begehbaren Kleiderschrank. So unerreichbar, wie du vielleicht denkst, ist der gar nicht: Stell einfach zwei Kleiderständer in die Nähe einer Wand (am besten an eine Ecke angrenzend) und hänge dann bodenlange Gardinen davor – voilà, dein eigener begehbarer Kleiderschrank ist fertig! Falls du also davon träumst, deine Klamotten in einem abgegrenzten Bereich aufzubewahren, kannst du dir diesen Traum auch mit einem kleinen Budget erfüllen.

Bei der Einrichtung deines Zimmers oder deiner Wohnung gilt vor allem: Lass dich von Design-Ideen inspirieren. Du kannst in Fachzeitschriften reinblättern oder dir aus diversen Heimwerker-Fernsehsendungen Ideen holen. Diese setzt du dann zu Hause günstig um. Übrigens, Gardinen eignen sich auch als Raumtrennung zwischen Büro und Schlafplatz, was besonders für größere Räume, die gleichzeitig als Wohn-, Schlaf- und Aufenthaltsraum dienen sollen, interessant ist. Falls dein Zimmer groß genug ist, kannst du es in zwei Teile trennen und dann einen Vorhang an die Decke montieren, so dass du dann zwei kleine Zimmer bekommst: das eine zum Lernen, und das andere zum Ausspannen. Den gleichen Effekt erreichst du auch mit Trennwänden oder einem Büchergestell (siehe auch Kapitel *Daran führt kein Weg vorbei: Lernen*).

Ordnung muss sein!
Im Zeitalter perfekter Verstausysteme, die es einem geradezu unmöglich machen, keine Ordnung zu halten, achtest du am besten darauf, dass dein Zimmer von Anfang an immer – mehr oder weniger – ordentlich ist.

Denn jeder Student braucht eine gewisse Ordnung, vor allem was die Lernunterlagen angeht! Da kommt natürlich nur eins in Frage: ein praktisches und günstiges Büchergestell. Ordner und Bücher gehören einfach in ein Regal, damit du sie sortiert aufbewahren kannst und immer gleich zur Hand hast. Um das Gestell zu einem Blickfang zu machen, eignet sich zum Beispiel eine kleine Lampe, die das Regal beleuchtet und es so viel schicker und offener wirken lässt. Außerdem kommen dadurch deine Literaturklassiker und Studienunterlagen viel besser zur Geltung. Du kannst auch Körbe oder eine mit Motiven bedruckte Kartonbox als Accessoire im Büchergestell unterbringen – das sieht nicht nur gut aus, es lässt sich auch viel Kleinkram darin verstauen.

In dem Bereich des Zimmers, in dem du lernst – also vor allem beim Schreibtisch –, solltest du besonders darauf achten, dass du genug Licht hast. Ist die Ablenkungsgefahr zu groß, wenn du den Tisch direkt ans Fenster stellst, solltest du ihn auf jeden Fall so platzieren, dass trotzdem möglichst viel natürliches Licht von draußen darauf fällt. Wichtig ist außerdem eine helle Lampe, damit es auch am Abend hell genug ist zum Lesen und deine Augen nicht ständig zufallen – oder zumindest nur, wenn du am Abend davor zu viel gefeiert hast. Wer gerne auch mal im Bett liest, sollte auf eine kleine Nachttischlampe nicht verzichten. Denk aber immer daran, die Lampe so zu positionieren, dass sie wenig Schatten wirft: Wenn du mit der rechten Hand schreibst, sollte sie auf der linken Seite stehen und umgekehrt.

Accessoires sorgen für Gemütlichkeit
Es sind die kleinen Dinge, die das Leben so richtig lebenswert machen. Und genauso ist es auch bei Kleidern: Erst Kleinigkeiten wie Halsketten, Taschen, Haarreifen oder Sonnenbrillen runden dein Styling so richtig ab. Dasselbe gilt bei der Einrichtung. Bett, Büchergestell, Kleiderschrank und Tisch … das allein kann es nicht gewesen sein! Da fehlt noch etwas: nämlich stilvolle Details, die das Zimmer verschönern. Zu diesen Verschönerungswaffen zählen z.B. Pflanzen. Dank ihnen sieht dein Zimmer super aus und wirkt frisch, sommerlich und lebendig. Die meisten Blumen, Sträucher und Bäumchen haben aber auch Ansprüche, sie müssen regelmäßig gegossen und gedüngt, manchmal sogar geputzt oder geschnitten werden. Das kann in Studentenhaushalten schwierig werden und dazu führen, dass die Blumen braune »Pflanzengrippen« bekommen, die einen negativen Effekt auf das Raumklima haben. Wer das verhindern will, hat zwei Möglichkeiten. Erstens: Kunstpflanzen. Diese eignen sich hervorragend für Menschen, die ohne grünen Daumen auf die Welt gekommen sind. Man sollte ein Modell wählen, das echten Pflanzen zum Verwechseln ähnlich sieht. Aber Achtung: Regelmäßig abstauben nicht vergessen, Kunstpflanzen entwickeln sich sonst schnell zu Staubfängern.

Wer nicht ganz auf Lebendiges verzichten will, der kann zu pflegeleichten Hydrokulturpflanzen greifen. Anstelle von Erde verwendet man bei diesen Pflanzen Blähtonkügelchen, die in jedem größeren Supermarkt erhältlich sind. Außerdem kann man einen Wasserstandanzeiger dazu kaufen und daran erkennen, ob die Pflanze noch genug Wasser hat.

Die Gesegneten unter uns, die eine Ader für Pflanzen haben, können sich in ihrer neuen Bleibe ausleben, sich ihre eigene kleine tropische Oase schaffen und den Neid aller Besucher auf sich ziehen. Und für alle anderen gibt es Plastik – grünes, echt aussehendes Plastik.

Ans Fenster gehören Vorhänge. Diese gestalten den Raum gemütlich und sind absolute Stimmungsmacher. Dies gilt ebenfalls für Teppiche, Tapeten, Bettwäsche oder Kissen. Egal ob romantisch gemustert, schwarzweiß gestreift oder bunt gepunktet – Stoffe sind absolute Hingucker. Wenn du die Wände streichen möchtest, sind Pastelltöne empfehlenswert. Kräftige Farben lassen ein Zimmer meist kleiner erscheinen, als es ist – außer du streichst nur eine Wand oder jeweils den oberen bzw. unteren Teil der Wände.

Fotos und Bilder eignen sich hervorragend, um einem Zimmer Individualität und Wohlfühlatmosphäre zu verleihen. Schnapp dir dein Lieblingsfoto und lass es vergrößern – riesengroß und am besten in Schwarzweiß –, dann hängst du es an die Wand und bei jedem Blick darauf kommt die gute Laune garantiert ganz von selbst.

Zum Abschluss: Es werde Licht! Lampen sind optimal, um das Zimmer zu vergrößern und um eine sinnliche Stimmung zu schaffen. Kleine Lämpchen überall lassen dein Zimmer gemütlicher und größer erscheinen. Stehleuchten, Wandleuchten, Deckenleuchten und kleine Deko-Lampen – der Mix macht's. Übertreiben solltest du es jedoch nicht, denn die Dinger sind kleine Stromfresser – Sparlampen sind ein Muss.

Nachgefragt: Die Meinung des Experten

Frau Pohle, was ist Feng-Shui genau und welche Grundsätze, Regeln oder Prinzipien werden dabei verfolgt?
Feng-Shui heißt übersetzt WindWasser, und das zeigt dann auch gleich, dass es bei Feng-Shui darum geht, die Prinzipien aus der Natur in Gestaltung zu übersetzen. Ich vergleiche Feng-Shui immer mit der Akupunktur, denn Feng-Shui arbeitet auch mit dem Chi. Bei dem Chi handelt es sich um eine unsichtbare Energie, die für das Wohlbefinden und die Gesundheit des Menschen verantwortlich ist. Das Chi muss fließen und je nachdem, wie man seine Möbel platziert, je nachdem wie man Farben und Materialien einsetzt, verändert sich das Chi im Raum. Und

somit ist Feng-Shui wie die Akupunktur der Räume.

Welche Wirkung hat Feng-Shui auf den Menschen?
Feng-Shui verändert die Atmosphäre des Raumes und der Mensch fühlt sich wohler. Darüber hinaus verändert Feng-Shui auch die Atmosphäre in Familien, und daraus resultieren oft partnerschaftliche Beziehungen. Wird Feng-Shui im Büro eingesetzt, verändert sich das Betriebsklima positiv.

Dr. phil. Rita Pohle, Industrial Designerin HdK, absolvierte 2004 eine Ausbildung zur Systemischen Therapeutin. Heute arbeitet sie als selbständige Interiordesignerin, Feng-Shui-Beraterin und Space-Clearing-Expertin. In ihren Seminaren vermittelt sie Feng-Shui als Gestaltungslehre und als Technik der eigenen Lebensgestaltung.

Wie kann man als Student Feng-Shui bei der Zimmereinrichtung berücksichtigen?
Zunächst einmal ist es wichtig, dass die Räume nicht zu voll gestellt sind, denn das Chi muss im Raum fließen können. Das Prinzip ist einfach: Weniger ist mehr. Darum ist die erste Feng-Shui-Maßnahme immer das Entrümpeln.

Und jetzt noch weitere Tipps zur Zimmereinrichtung: Die Farbe Rot ist im Arbeitszimmer sehr wichtig, um die Konzentration zu erhöhen und den Intellekt anzuregen, denn Rot steht für eine feurige Energie. Bilder mit feurigen Motiven, beispielsweise einem Vulkan oder auch einem Kaminfeuer, sind dafür besonders geeignet.

In Schlafräumen (oder in der Schlafecke) sollte man eher zu den Farben Hellgrün und Hellblau tendieren, denn diese haben eine heilende und beruhigende Wirkung.

Gibt es im Bereich des Feng-Shui absolute DONT'S, welche man gerade auch bei der Zimmereinrichtung berücksichtigen sollte?
Man sollte auf keinen Fall spitze Gegenstände oder spitze Formen, wie z.B. Yuka-Palmen, im Raum haben. Ebenso ist alles zu vermeiden, was

aggressiv wirkt oder mit dem Tod zu tun hat, so z.B. ausgestopfte Tiere oder Geweihe an der Wand.

Allgemein sollten hinter dem Arbeitsplatz keine offenen Regale stehen. Am besten eignet sich eine Wand ohne Fenster und ohne Türen, denn eine geschlossene Wand stärkt den Menschen und darauf kommt es im Feng-Shui an: Dass der Mensch gestärkt ist.

Wo bekomme ich meine Möbel her?
Falls du zu den (vielen) Studenten gehörst, die auf ihr Geld achten und jeden Cent zweimal umdrehen müssen, hier ein paar Tipps, wie du fast kostenlos Möbel ergatterst: Egal ob Tante Rosa, Großvater Rolf oder Cousine Hildegard siebten Grades, irgendjemand von deinen Verwandten hat mit Sicherheit noch ein brauchbares Stück auf dem Dachboden. Du solltest einfach mal nett nachfragen und deine Situation erklären, dann sind sie bereit, dir zu helfen.

Möbel, die direkt ab Fabrik gekauft werden können, sind meist viel günstiger als im Möbelhaus. Es lohnen sich auch Möbelkäufe in Einkaufshäusern mit Totalliquidation, Totalräumung oder Totalausverkauf. Also immer Ausschau halten! Eine andere Möglichkeit: Hör dich ein bisschen um! Regelmäßig werden Zimmer oder WGs aufgelöst und die ehemaligen Bewohner wollen ihre Möbel loswerden – und das zu Spottpreisen.

Wenn du keine Möbel und auch kein Geld für welche hast, kannst du gleich ein möbliertes Zimmer mieten und das ganze »Wo-bekomme-ich-nur-meine-Möbel-her-Fiasko« umgehen.

Wer ein bisschen mehr Erspartes auf der Seite hat und sich seine neue Einrichtung im Möbelhaus kaufen will, schaut sich am besten vorher die Möbel im Katalog, im Internet oder im Kaufhaus selbst an. Dies erspart Fehlkäufe, denn: Was manchmal im Katalog wahnsinnig schön ausgesehen hat, entpuppt sich anschließend im Kaufhaus als absoluter Schrott. Was weiß war, ist plötzlich beige und was groß schien, wirkt auf einmal klein. Auch wenn die Besichtigung zeitaufwändig ist, es lohnt sich allemal! Später kann man dann die Prachtstücke mit einem kleinen

Lieferwagen – eventuell von Freunden oder Bekannten – oder einem größeren Mietauto abholen.

Und für diejenigen, die nicht aufs Geld achten müssen, da ihre Eltern reich sind oder sie nach dem Abi einen ganzen Sommer lang Eis verkauft haben: Euch liegt die Möbelwelt zu Füßen, ihr könnt euch endlich das lang ersehnte Himmelbett leisten oder beim Schreiner ein edles Bücherregal bestellen. Und wenn ihr handwerklich ungeschickt seid und noch ein bisschen Geld übrig habt, könnt ihr euch die neue Einrichtung gleich liefern und zusammenbauen lassen.

In den nächsten zwei Abschnitten wird dir die etwas andere Wohnungseinrichtung nähergebracht: Der Abfalleimer und die liebe Fernseh-Kiste.

Abfalltrennung ist ein Muss

Wer kennt das nicht: Die Tonne auf dem Balkon quillt schon wieder über mit PET-Flaschen, und das Papier stapelt sich im Zeitungsständer. Tonnenweise Bierflaschen von der letzten Sause sind immer noch in der Kartonbox und der Biomüll riecht bis nach Madagaskar. Nein, du wohnst nicht auf der Müllhalde – und trotzdem kommt es dir so vor? Abfall zu trennen und zu entsorgen ist eigentlich kein Ding, und doch gibt es einige Exoten unter den Abfällen. Die Batterie beispielsweise gehört NICHT in den normalen Abfall, sondern kann dem Händler zurückgebracht werden oder im Supermarkt in einem speziell dafür vorgesehenen Behälter entsorgt werden. Batterien betreiben nun mal keine Fotosynthese und gehören darum auch nicht auf den Biomüll. Und nun zu der Konservendose: Die Ravioli sind bereits in deinem Magen und sie steht leblos vor dir, die leere, verkleckerte Konservendose. Kurz ausspülen und zusammendrücken, in einer Tüte sammeln und dann zum Metallcontainer in deiner Nähe bringen. Und nun zum Schluss noch ein Tipp für alle, die reich werden wollen: Bei Festivals, Konzerten oder in Parks Pfandflaschen sammeln, da kommt ganz schön was zusammen und die Umwelt wird es dir auch danken.

Gerne einmal Kabelsalat mit italienischer Sauce

Neben neuen Möbeln, Vorhängen oder Kissen spielen auch die Kommunikationsmittel in deiner neuen Wohnung eine große Rolle: Internet, Telefon, aber auch Fernsehen und Radio. An vielen Unis läuft heute nichts mehr ohne World Wide Web, da alle Dokumente auf die Homepage der Uni gestellt werden, man sich online für das Semester einschreiben oder für Prüfungen anmelden muss. Daher ist es sehr wichtig, dass man so früh wie möglich und am besten wireless in die Welt von Google, Wikipedia und MSN eintritt. Doch aufgepasst: Ein Vergleich unter allen Anbietern lohnt sich allemal, da die Preis- und Serviceleistungen noch sehr variieren. Wer auf ein Festnetztelefon nicht verzichten will, abonniert Telefon- und Internetanschluss am besten beim selben Anbieter. Tipp: Frage immer nach Studentenrabatt, Sonderangeboten und Schnupper-Abos.

Grundsätzlich gilt, dass Geräte, mit denen du Radio- oder Fernsehprogramme empfangen kannst, gebührenpflichtig sind. Aber eben nur grundsätzlich, denn als Student genießt du einige Vorteile. Mit ein klein wenig Aufwand kannst du eine Menge Geld sparen. In Deutschland ist die GEZ für die Rundfunkgebühren zuständig. Als Student hast du die Möglichkeit, dich von den Gebühren befreien zu lassen. Dafür muss ein Antrag zur Befreiung von der Rundfunkgebührenpflicht gestellt werden, den du bei der GEZ erhältst. Es gibt verschiedene Voraussetzungen für die Befreiung und du solltest dich unbedingt genau informieren, ob du diese erfüllst. Die GIS hingegen ist für den Gebühreneinzug in Österreich verantwortlich. Als Student musst du in Österreich dann keine Gebühren bezahlen, wenn du ein Stipendium oder Schülerbeihilfe beziehst. Auch hier verlangt die GIS einige Informationen von dir und du musst verschiedene Dokumente vorzeigen (unter anderem: Nachweis des Betrags der Studienbeihilfe, Nachweis des Einkommens aus dem Nebenjob usw.), um die Gebühren nicht bezahlen zu müssen. In der Schweiz müsste man seine Kiste grundsätzlich bei der Billag anmelden. Hier gilt eine etwas sonderbare Regelung: Du musst erst ab der dritten Nacht zahlen! Was das heißt? Wohnst du nicht mehr als drei Tage und zwei Nächte an deinem Wochenaufenthaltsort, dann bist du von den Gebühren befreit und musst dich gar nicht erst bei der Billag anmelden (oder falls du angemeldet bist: einfach per E-Mail abmelden). Bleibst du aber drei Nächte oder mehr an deinem »Zweitwohnsitz«, wirst du leider nicht von den Gebühren verschont.

Weitere länderspezifische Informationen findest du im Internet unter folgenden Adressen:

Deutschland: www.gez.de
Österreich: www.orf-gis.at
Schweiz: www.billag.ch

Der Umzug

Nun hast du endlich deine eigene Wohnung oder dein eigenes Zimmer in einer WG. Und was jetzt kommt, ist der anstrengendste Part: der Umzug. Ein Auto mit Möbel vollstopfen und los geht's? Wenn das nur so einfach wäre! Es ist sehr ratsam, den Umzug früh zu planen. Überleg dir vor allem, wann genau du an der Uni präsent sein musst. Es lohnt sich nämlich, alles im Voraus zu erledigen, damit du bei Studienanfang keinen unnötigen Stress hast. Außerdem kannst du schon ein bisschen früher an deinen neuen Wohnort ziehen, um dich einzuleben und die Stadt zu erkunden. Natürlich gibt es auch hier die Adrenalin-Süchtigen, die Risiko-Liebhaber, die Abenteurer, die am liebsten alles in letzter Sekunde machen. Solltest du zu ihnen gehören, brauchst du nicht nur gute Nerven, sondern auch gute Freunde, die kurzfristig mit anpacken.

> **Tipps**
> - Mach dir eine Liste mit all den Dingen, die du dringend vor Studienanfang erledigen musst.
> - Wichtig ist, dass du dich am neuen Ort anmeldest oder, falls du ganz umziehen willst, deinen Wohnort ändern lässt und deine Papiere mitnimmst.
> - Falls du in ein anderes Land ziehst, musst du dich sehr gut bezüglich der Aufenthaltsbewilligung informieren.

Von faulen Ausreden und frischem Essen

Wenn der Tag des Umzugs naht, dann packst du deine sieben Sachen am besten in Kartonkisten und Taschen, die du sowieso an den neuen Ort mitnehmen willst. Auch Papiertüten eignen sich bestens, um deinen Kram vom einen an den anderen Ort zu transportieren. Frag ein paar Freunde und Bekannten frühzeitig, ob sie dir beim Umzug helfen können. Ein »Ja, klar doch, ich helf immer gern« verwandelt sich allerdings häufig in eine Absage am Vortag des Umzugs. Zitat aus einer SMS an einen der Autoren: »Du, ich hab heut morgen geduscht und dann ist mir zuerst die Seife aus den Fingern geflutscht und dann bin ich mit dem Zeh im Abfluss stecken geblieben und jetzt hab ich unglaubliche Schmerzen beim Gehen. Du verstehst sicher, dass ich dir nicht beim Umzug helfen kann?« Du solltest deinen Umzug daher mit wirklich zuverlässigen Leuten planen. Wenn du deine Helfer organisierst, ist es wichtig, dass du dir gut überlegst, welche Personen du um Hilfe bittest und wie viele Unterstützer du wirklich brauchst, so dass alle immer etwas zu tun haben, aber doch kein Stress aufkommt. Denn zu viele Leute behindern sich nur gegenseitig und stehen dann im Weg herum. Zu wenig Leute hingegen sind schnell überfordert und bald am Ende ihrer Kräfte. Achte auch darauf, dass keiner von euch unter starkem Zeitdruck steht, so dass ihr in Ruhe alles aufbauen könnt und nicht in der Eile etwas beschädigt wird oder kaputtgeht. Hier noch eine Warnung: Erwarte nicht, dass dein Zimmer direkt nach dem Umzug schon umwerfend aussieht und perfekt eingeräumt ist. Es braucht seine Zeit, bis alles am richtigen Ort steht und du dich zu Hause fühlst. Damit der Umzug trotz allem zu einer Party wird, kannst du deine fleißigen Helfer mit einer kühlen Cola und einer leckeren Pizza verwöhnen und belohnen. Gut gestärkt lässt es sich einfach besser arbeiten.

Hallo Nachbar!

Wer auf Nummer sicher gehen will, macht die anderen Bewohner des Hauses mit einem Zettel im Eingangsbereich oder im Flur auf den kommenden Umzug aufmerksam. Das macht einen guten Eindruck und lässt keine Unstimmigkeiten aufkommen. Findest du das übertrieben, kannst du z.B. als Dank für das entgegengebrachte Verständnis der Nachbarn, nach dem Umzug alle zu einem kleinen Umtrunk einladen, zum Beispiel auf ein Glas Weißwein und Chips oder zu Kaffee und Kuchen. Falls dir der Aufwand zu groß ist, dreh nach dem Einzug eine kleine Runde und stell dich bei deinen Nachbarn persönlich vor. Eine gute Beziehung zu deinen Nachbarn erleichtert dir so manches. Egal, ob du mal Eier brauchst, eine fette Party schmeißt oder die Musik zu laut ist – wenn sie dich mögen, ist alles nur noch halb so wild!

Für die Daheim-Bleiber: Pendeln ist angesagt!

Die Universität liegt so nahe, dass es möglich ist, jeden Tag mit dem Zug oder dem Bus hinzufahren. Jedenfalls behaupten das deine Eltern! Nun musst du entscheiden, ob Pendeln eine Möglichkeit für dich darstellt oder ob es doch über längere Zeit zur Belastung werden würde. Bevor du es nicht ausprobiert hast, kannst du nie sicher sein, ob Pendeln das Richtige für dich ist. Wenn du jedoch nach einiger Zeit merkst,

dass es dir zu viel wird, solltest du den Mut haben und etwas dagegen tun. Du kannst ja auch erst zu Beginn des zweiten Semesters von zu Hause ausziehen. Aber solange dir die Fahrt jeden Morgen nichts ausmacht, ist das Pendeln kein Problem.

Die Vorteile des Nesthockens:
- Du musst kein Geld für die Miete aufbringen. Einzig das Geld für die Monatskarte oder für ein Jahresabonnement ist zu zahlen.
- Du kannst weiterhin Mamas Küche genießen.
- Du musst dich nicht um die Einrichtung eines neuen Zimmers kümmern.
- Der Kühlschrank füllt sich wie von alleine (es ist dennoch ratsam, deiner Mutter mal dafür zu danken).
- Du hast jeden Tag Zeit im Zug zu lernen. Das sind fixe Lernzeiten, die du nicht extra einplanen musst.

Die Nachteile des Nesthockens:
- Dein letzter Zug geht immer schon vor zwölf, weshalb du Partys frühzeitig verlassen musst.
- Wenn du verschläfst, kannst du gleich liegen bleiben! Diese Vorlesung ist sowieso vorbei, bis du an der Uni bist.
- Deine Eltern kriegen mit, wann und wie oft du an die Uni gehst und auch, wie spät es jeden Abend wird.
- Deine Kommilitonen wohnen in der Uni-Stadt und deine alten Freunde in deiner Heimatstadt. So kann es kommen, dass du für beide keine Zeit findest.

Wie sollst du dich nun entscheiden? Am besten klärst du erst einmal ab, wie lange die Veranstaltungen an der Uni dauern, und findest heraus, ob sich die Vorlesungszeiten mit den Fahrplänen der öffentlichen Verkehrsmittel abstimmen lassen. Bedenke dabei, dass deine neuen Kollegen an der Uni dir sicherlich in Notfällen oder nach Partys ihr Sofa anbieten könnten. Falls du vorhast, mit dem Auto oder Roller an die Uni zu fahren, so erkundige dich nach einer Parkplatzmöglichkeit. In diesem Zusammenhang ist auch ratsam, abzuklären, wann du am Morgen frühestens an der Uni sein musst, respektive wann du frühestens aufstehen musst, damit du dir überlegen kannst, ob dies ein morgendlicher Kampf werden könnte. Du solltest dir auch im Klaren darüber sein, ob es dir nichts ausmacht, wenn deine Eltern alles mitbekommen, was du so treibst. Stell dir folgende Situation vor: Es ist schon das dritte Mal hintereinander, dass du nach Mitternacht nach Hause kommst und am Morgen länger liegen bleibst, weil du einfach nicht rechtzeitig aus dem Bett kommst. Deine Mutter stellt dich zur Rede. Es kommt zum Streit und für die nächsten Stunden oder vielleicht auch Tage herrscht zu Hause dicke Luft. Um solche Situationen zu vermeiden, solltest du zusammen mit deinen Eltern klare Regeln aufstellen. Du hast eine bessere Verhandlungsposition, wenn du deinen Eltern mit Vorschlägen und Hilfsbereitschaft entgegenkommst. Beispielsweise kannst du anbieten, dass du dein Zimmer von nun an selber putzt und dich selbständig um deine Wäsche kümmerst. Dafür darfst du kommen und gehen, wann du möchtest. Es ist auch ratsam, abzusprechen, wie ihr eure Mahlzeiten planen wollt: Ist einfach der Kühlschrank gefüllt und jeder kann sich bedienen oder gibt es fixe Essenszeiten, und was vereinbart ihr für den Fall, dass du diese einmal nicht einhalten kannst?

Wenn du alle Vor- und Nachteile abgewogen hast, sprich mit deinen Eltern darüber. Falls sie fest davon überzeugt sind, dass du pendeln solltest, du dies aber auf keinen Fall möchtest, dann erkläre ihnen deine Situation. Zeig ihnen auf, was gegen das Zuhausewohnen spricht. Sag ihnen beispielsweise, dass dir das frühe Aufstehen Probleme macht und du dann nicht wirklich aufnahmefähig bist.

Wenn du dich entscheidest zu pendeln, solltest du dennoch einiges mit deinen Eltern klären. Dasselbe gilt für Studenten, die in derselben Stadt wohnen, in der auch die Universität ist, und deshalb nicht ausziehen.

Nun noch ein kleiner Tipp: Wenn du zu Hause bleibst, aber dennoch einen Neustart machen möchtest, überleg dir, wie du dein Zimmer umgestalten könntest. Vielleicht verschiebst du deine Möbel, dekorierst das Zimmer neu und räumst die alten Sachen in den Keller (siehe auch Kapitel *Möblierung*). So machst du auch in deinem alten Zuhause den neuen Lebensabschnitt sichtbar. Zudem ist das eine gute Gelegenheit, dein Zimmer wieder einmal gründlich auszumisten.

Das Beste zum Schluss: Fazit

Falls es sich nicht einfach ergibt, dann liegt es in deiner Hand: Zu Hause bleiben oder pendeln? Entscheide dich! Wenn der Kopf nicht mehr weiter weiß, dann kann vielleicht der Bauch helfen. Aber eines gilt in jedem Fall: Mach das Beste draus! Es haben schließlich beide Varianten ihre Sonnenseiten und bringen viele Vorteile mit sich.

Tipps
- WG-Zimmer, eigene Wohnung oder Studentenheim – diese Entscheidung ergibt sich meistens nach gründlicher Überlegung und dem Abwägen aller Vor- und Nachteile. Die Entscheidung muss aber nicht für immer sein – wenn du merkst, dass du mit der Art deiner Unterkunft nicht glücklich bist, kannst du jederzeit umziehen.
- Mit Karteikarten behältst du die Übersicht bei der Zimmersuche!
- Wohnungsanzeigen findest du in lokalen Zeitungen, im Internet oder der Homepage der Uni.
- Fragen bezüglich des Zimmers oder der Wohnung müssen spätestens vor dem Unterschreiben des Mietvertrages geklärt werden.
- Accessoires wie Pflanzen, Vorhänge, Teppiche, Kissen, Bilder, Vasen und Lichter machen dein Zimmer einzigartig – hier kommt deine Fantasie ins Spiel!

- Möbel kann man gratis von Verwandten abstauben oder günstig im Fabrikverkauf oder aus aufgelösten WGs erstehen. Aber auch preiswerte Möbelhäuser wie Ikea bieten gute Qualität zu einem kleinen Preis.
- Papier, Karton, Pet-Flaschen, Aluminium, Batterien, Glas und Grünzeug wird vom herkömmlichen Abfall getrennt – das tut der Umwelt gut, und du sparst Geld.
- Wichtig beim Umzug: Die Nachbarn im Voraus informieren und die Helfer gut verpflegen!

IV. Eine Wohnung für dich allein

Monas Freundin Lisa wollte zu Besuch kommen. Aber leider hatten auch die Mitbewohner von Mona bereits Freunde eingeladen. Und da Mona die Letzte war, die ihren Besuch ankündigte, war sowohl das Sofa als auch die Luftmatratze besetzt. Mona hatte gar nicht so weit gedacht und so stand Lisa nun in der Wohnung und hatte keinen Platz für die Nacht. Was nun? Da kam Mona die rettende Idee: Vincis Wohnung. Da Vinci alleine wohnte, musste er nicht erst abklären, ob bereits Besuch da war. Da er dieses Wochenende selbst keine Freunde in seiner Wohnung hatte, war also ein Schlafplatz frei. Mona griff sogleich zum Telefon und rief ihn an. Nach dem ihm beide versprochen hatten, ihn zum Dank zu bekochen, war er gerne bereit, Lisa die nächsten Tage auf seinem Sofa übernachten zu lassen.

Du spielst mit dem Gedanken, in eine eigene Wohnung zu ziehen? Zu Hause haben dich die Eltern und Geschwister immer genervt? Jetzt möchtest du deine Chance nutzen, endlich alleine zu wohnen und völlig unabhängig, eigenständig und ungestört zu sein?

Eine eigene Wohnung bietet gegenüber einer WG viele Vorteile, aber auch gewisse Nachteile. Die folgenden Seiten sollen dir die Entscheidung erleichtern, indem sie dir zeigen, was in einer eigenen Wohnung alles auf dich zukommen wird – oder eben nicht.

Was in deiner eigenen Wohnung garantiert nie passiert ...

- Der Kühlschrank ist leer, obwohl du eingekauft hast.
- Der Kühlschrank ist voll, obwohl du nicht eingekauft hast.
- Wenn du müde heimkommst, begrüßt dich jemand freudestrahlend und erwartet dich mit einem entspannenden Tee.
- Wenn du müde heimkommst und deine Ruhe möchtest, veranstaltet deine Mitbewohnerin gerade eine Party.
- Du hast viel zu lernen, musst aber zuerst deinen Mitbewohner trösten, der gerade von seiner Freundin verlassen wurde.
- Das Bad ist schon wieder schmutzig, obwohl du erst gestern geputzt hast.
- Das Bad ist blitzblank, obwohl du nicht geputzt hast.
- Zum Geburtstag erwartet dich ein liebevoll gedeckter Frühstückstisch.

Solltest du dir ein paar dieser Punkte wirklich wünschen (und es dürfte klar sein, welche davon wünschenswert sind), ist eine eigene Wohnung nicht für dich geeignet!

Was du in deiner eigenen Wohnung garantiert nie tun musst ...

- Erklären ...
    - ... wann du heimgekommen bist.
    - ... wer das war, mit dem du heimgekommen bist.
    - ... warum das Geschirr noch nicht gespült ist.
    - ... was die kitschige Kerze auf dem Esstisch zu suchen hat.

- Listen aufstellen zur Koordination ...
    - ... der Zeit im Bad, die jedem zusteht.
    - ... von Einkäufen.
    - ... von Erledigungen wie zum Beispiel dem Entsorgen von Pet-Flaschen.

... der Gäste, die auf der einzigen Couch im Wohnzimmer übernachten können.

In einer eigenen Wohnung kannst du komplett nach deinem Rhythmus leben und musst dich nach niemandem richten – außer vielleicht nach den Nachbarn, aber die sind immerhin durch eine dickere Wand von dir abgetrennt als deine Mitbewohner.

Was du nur in deiner eigenen Wohnung darfst ...

- Unordnung nicht gleich beseitigen.
- Nackt schlafen.
- In intensiven Lernphasen jede freie Fläche mit Büchern, Mitschriften und Skripten zupflastern.
- Wäsche herumliegen lassen.
- Zum Auswendiglernen von Vokabeln den Badezimmerspiegel mit Post-its verkleben.
- Lauten Sex haben.
- Einen Kuchen backen und niemandem etwas davon abgeben.
- Kurz: Alles, was die Höflichkeit verbietet.

Sind dir einige dieser Punkte sehr wichtig, könnte es schwer werden, eine WG zu finden, in der du dich wohlfühlst. Um unnötigen Aufwand zu vermeiden, solltest du dich gleich für eine eigene Wohnung entscheiden.

Was in deiner eigenen Wohnung auf dich zukommt ...

Wohnst du alleine, bist du auch grundsätzlich auf dich allein gestellt. Dann gibt es keine Mama, die immer recht hat, und keinen erfahrenen Mitbewohner, der im Zweifelsfall schon weiß, was zu tun ist. Das kann anfangs Schwierigkeiten bereiten. Bei manchen beginnen diese Schwierigkeiten schon bei der Wäsche: Wie zum Teufel funktioniert die Waschmaschine? Und was bitte sollen diese kryptischen Symbole auf den Etiketten der Pullis und Jeans? Andere verkraften immerhin das erste Mal Kloputzen. Aber bei der ersten Mahnung, die im Briefkasten landet, Ruhe zu bewahren, ist dann schon die hohe Kunst des Alleinwohnens.

Die wichtigsten Aufgaben auf einen Blick:
Du musst ...
... den gesamten Haushalt schmeißen – Arbeitsteilung gibt es nicht.
... selber für dich kochen und anschließend aufräumen.
... dich um die Infrastruktur kümmern (Telefon, Internet, Zeitungsabonnement ...).
... alle rechtlichen und organisatorischen Aufgaben alleine abwickeln (mit dem Vermieter kommunizieren, Rechnungen zahlen ...).
... mit den Nachbarn auskommen, denn sie sind deine wichtigsten Verbündeten im Haus. Egal, ob es Streit mit den Eigentümern gibt, du mal den Schlüssel vergessen hast oder du eine Party organisierst und um Nachsicht wegen der Lautstärke bittest: Ein gutes Verhältnis zu (zumindest einigen) Nachbarn ist immer praktisch.
... höhere Kosten in Kauf nehmen: Alleine zu wohnen, kostet immer mehr als in einer WG zu leben (Miete, Nahrungsmittel, Internet – du genießt keine Mengenrabatte und kannst Kosten nicht aufteilen).
... dir Freunde suchen. Denn sonst kann es leicht zu etwas Unangenehmen kommen: Der Einsamkeit.

Einsamkeit

Es ist immer finster, wenn du heimkommst, still und verlassen... Außer dir selbst und dem Radio spricht niemand, außer deinem Spiegelbild siehst du keine Gesichter. Es gibt keine (nervigen) Gespräche am Frühstückstisch, keine (blöden) Fragen, wie es dir geht. Keiner ist da, der mit dir lacht, mit dir weint, dich umarmt, dir eine gute Nacht und einen guten

Morgen wünscht ... da kann schon mal das Gefühl von Einsamkeit aufkommen.

Dies ist noch kein Grund, dich gegen eine Wohnung für dich allein zu entscheiden. Du wirst dich jedoch aktiver um soziale Kontakte bemühen müssen als in einer WG. Manche genießen es dabei, dass sich die Action woanders abspielt und sie jederzeit in ihre Oase der Ruhe zurückkommen können, wenn es ihnen zu bunt wird. Andere wünschen sich auch mal ein bisschen Trubel in den eigenen vier Wänden – auch dazu ist die eigene Wohnung bestens geeignet: Lade mindestens ein Mal pro Woche jemanden zum Essen ein, veranstalte hin und wieder einen gemütlichen Abend für deine neu gewonnenen Freunde oder organisiere eine »Einweihungsparty« (auch wenn es dafür reichlich spät ist – wen kümmert es?). Wie auch immer du deine sozialen Kontakte organisierst, achte einfach darauf, dass du weißt, was du tun, wen du anrufen oder wohin du gehen kannst, wenn du dich allzu einsam fühlst.

Das Beste zum Schluss: Fazit

Eine eigene Wohnung hat, wie eigentlich alles im Leben Vor- und Nachteile. Man ist jedoch immer sein eigener Herr – und wenn man einsam ist, kann man sich immer jemanden einladen.

> **Checkliste: Ich fahre in den Urlaub – was muss ich tun?**
> Wenn du allein lebst und zum ersten Mal in den – wohlverdienten – Urlaub fährst, musst du einige Punkte beachten. Damit du nichts vergisst, hältst du dich am besten an die folgende Checkliste:
>
> - Aufräumen (Es ist doch immer schön, in eine saubere Wohnung zurückzukommen. Außerdem erleichtert es die Rückkehr und den motivierten Start in ein neues Semester.)
> - Den Kühlschrank leeren (Schimmel-Alarm)

- Die Zeitung abbestellen (Sonst droht ein verstopfter Briefkasten.)
- Dem befreundeten Nachbar einen Ersatzschlüssel geben (»Falls was passiert, ach, und die Blumen ... Wärst du vielleicht so lieb?«)
- Die Heizung herunterdrehen (spart unnötige Kosten)
- Alle Lichter abschalten
- Alle Stecker aus den Steckdosen ziehen (Geräte brauchen auch Strom, wenn sie auf Stand-by sind.)
- Den tropfenden Wasserhahn zudrehen
- Geld und Wertsachen verstecken (bringt nichts, aber beruhigt die Nerven) oder in einem Safe verschließen
- Kopien von allen wichtigen Dokumenten, die du mitnimmst, anfertigen und gesondert und gut verwahren. (Das spart Ärger, wenn unterwegs zum Beispiel dein Pass verloren gehen sollte.)
- Die Wohnung gut absperren

V. Die Mitbewohner – Freunde oder Feinde?

Mona ist nach einem Wochenende zu Hause am Sonntagabend aus Bonn zurück nach Berlin in die WG gekommen. Da ihre Mitbewohnerin gleichzeitig angekommen ist, haben sie sich rasch am Bahnhof auf einen Kaffee verabredet, um danach gemeinsam nach Hause zu gehen. Als die beiden Mädels die Wohnung betraten, traf sie fast der Schlag. Abgestandene Luft, die noch eine Note kalten Rauchs enthielt, schwappte ihnen entgegen. Die WG-Wohnung war wohl Opfer einer heißen Party geworden. Indizien dafür waren die leeren und halb leeren Flaschen, die noch überall herumlagen. Es sah aus, als wäre ein Orkan durch die Wohnung gefegt. Monas Mitbewohnerin riss als Erstes alle Fenster auf. Als Mona in ihr Zimmer ging, konnte sie kaum glauben, was sie sah: Da hatte doch tatsächlich jemand in ihrem Bett übernachtet! Anders konnte sie sich das völlig zerknitterte Bettzeug nicht erklären. Ihre Wut auf den dritten Mitbewohner stieg von Minute zu Minute. Die beiden Mädels berieten, was sie tun wollten. »Erst mal was Kühles zu trinken!«, schlug Mona vor. Als sie in die Küche ging, um den Kühlschrank nach etwas Brauchbarem zu durchsuchen, erwartete sie jedoch der absolute Höhepunkt. Auf dem Tisch lag ein kleiner Zettel. Darauf stand: »Leider hatte ich keine Zeit mehr zum Aufräumen. Musste meinen Zug erwischen. Bin nun für 'ne Woche bei meinen Eltern.« Nach einem Gläschen Wein setzten die beiden Mädels ihre Wut in produktive Energie um, indem sie die Wohnung wieder auf Vordermann brachten. Und für ihren lieben Mitbewohner hatten sie eine kleine Überraschung: Sie stellten alle Flaschen in seinem Zimmer fein säuberlich auf.

Ob du der WG-Typ bist oder nicht, findest du ganz einfach anhand der folgenden Liste heraus. Wenn du alle Aussagen mit Ja beantworten kannst, gehörst du definitiv in eine WG!

- Ich mag Menschen um mich herum.
- Ich mag es mit Menschen zu kommunizieren.
- Es stört mich nicht etwas an Privatsphäre einzubüßen.
- Ich gehe Konflikten nicht aus dem Weg, sondern versuche sie konstruktiv zu lösen.
- Ich kann mir das Arbeiten und Herumplauschen gut einteilen.
- Lärm stört mich nicht.
- Ich habe kein Problem damit, mein Bad mit anderen zu teilen.
- Ich kann gut mit den Eigenheiten anderer Leute umgehen.

Was für eine WG spricht

Welche Gründe gibt es, in eine Wohngemeinschaft zu ziehen? Ein zentrales Argument sind sicherlich die Kosten: Bei jeder Wohnung fallen eine bestimmte Reihe von Kosten an wie Miete, Strom, Gebühren, usw. Wohnen aber mehr Leute in einer Wohnung, so kann man diese Kosten aufteilen, die Summe für den Einzelnen wird dadurch kleiner. In einer WG gibst du im Vergleich zu einer eigenen Wohnung weniger Geld aus. Das ist sehr praktisch, da ein Studium ohnehin teuer ist und man als Student grundsätzlich wenig Mittel zur Verfügung hat. Gemeinsam kann man sich in einer WG meist auch mehr Komfort leisten, wie zum Beispiel ein größeres Wohnzimmer, eine besser ausgestattete Küche oder eine Badewanne anstelle der einfachen Dusche.

Eine WG bietet Gemeinschaft auf Zeit. Die besten Freunde fürs Leben trifft man dabei nicht unbedingt, dennoch kann eine WG für eine Freundschaft bereichernd sein und gemeinsame Erlebnisse schaffen. Man kann sich über alles austauschen: die Uni, die Sorgen, aber auch den neuesten Klatsch und Tratsch. Viele Studenten wechseln ihre Wohnung mehrmals während des Studiums, sehr zum Leidwesen des Freundeskreises, der dann helfen muss, aus dem dritten Stock des einen Hauses in den vierten Stock des anderen umzuziehen. Ehemalige und neue Mitbewohner können da eine große Hilfe sein. Da man einen Großteil seines Alltags mit den Mitbewohnern verbringt, ist die persönliche Komponente nicht zu unterschätzen, deshalb lohnt es sich auch bei der Wahl der Mitbewohner etwas genauer hinzusehen.

WG-Zimmer gibt es in allen Formen und Farben: fürs große und fürs kleine Budget, schick und schmuddelig, belebt oder ruhig. Da ist sicher auch für dich etwas dabei!

Die passende WG

Wie aber findest du nun die richtige WG? Hierzu einige Eckpunkte, auf die du achten solltest.
- Wohnung
- Lage
- Mitbewohner
- Preis

Die Wohnung

Die Wohnung ist für viele WG-Suchende das wichtigste Kriterium. Oft steht dabei das Zimmer an oberster Stelle, dann kommt der Rest der Wohnung. Dieser Punkt wird jedoch meist überbewertet. Zum Beispiel wünschst du dir vielleicht viel Platz – aber je größer die Wohnung ist, desto mehr Zeit brauchst du beim Putzen. Es ist auf jeden Fall wichtig, dass dir die Wohnung gefällt und dass die meisten deiner Kriterien erfüllt sind, sei es ein Balkon, eine Geschirrspülmaschine oder eine Zentralheizung. Ist die Wohnung grundsätzlich schön, aber die Spülmaschine fehlt, schlag trotzdem zu, denn du gewöhnst dich sehr schnell an das Abspülen mit der Hand. Wie viel Platz du brauchst und ob du dir diesen auch leisten kannst, sagt dir dein Gefühl – und dein Budget. Die Aufteilung der Miete sollte je nach Größe der Zimmer gerecht berechnet werden. Achte bei der Besichtigung nicht nur auf das Zimmer, das deines werden könnte, sondern auch auf den Gesamtzustand der Wohnung. Welche Mängel gibt es? Sind die Nebenkosten hoch? Ist eine Internetverbindung vorhanden? Und kannst du dir vorstellen, dich in der Wohnung wohlzufühlen?

Die Lage
Die Lage der WG ist sehr wichtig. Dabei spielen je nach persönlichen Wünschen verschiedene Faktoren eine Rolle, zum Beispiel:
- Wo sind die nächsten Einkaufsmöglichkeiten?
- Wie weit ist die Wohnung von der Uni weg?
- Gefällt mir das Quartier?
- Welche Möglichkeiten für die Freizeitgestaltung gibt es in der Nähe?
- Gibt es eine öffentliche Verkehrsverbindung zur Uni?

Es ist klar, dass eine WG immer den individuellen Bedürfnissen gerecht werden muss. Du hast mit Sicherheit eine eigene Vorstellung davon, wie du wohnen möchtest. Eine perfekte Lösung findest du vermutlich nie, aber meist eine optimale für die jeweilige Situation.

Die Mitbewohner
Die Mitbewohner spielen eine sehr wichtige Rolle im WG-Leben, und du solltest darauf achten, dass ihr Gemeinsamkeiten habt. Es ist egal, ob die Mitbewohner Freunde oder fremde Menschen sind. Du lernst sie erst richtig kennen, wenn du mit ihnen zusammenwohnst.

Beim Zusammenleben erkennt man sowohl die guten Seiten als auch die Macken der anderen. Das ist nicht weiter tragisch, doch es kann natürlich sein, dass einem die Macken zu viel werden. In diesem Fall entstehen Konflikte, die man lieber lösen sollte, da sonst das Zusammenleben darunter leidet. Vielleicht muss der eine lernen, den inneren Schweinehund zu überwinden und häufiger zu putzen, vielleicht kann der andere aber auch anfangen, alles etwas lockerer zu sehen und weniger zu meckern. Auf jeden Fall sollte man nach einem guten Miteinander streben, denn man kann auch Freundschaften ruinieren, wenn man Konflikte nicht löst. Das Problem beim Zusammenziehen ist natürlich, dass man die negativen Eigenheiten der Mitbewohner erst im Nachhinein entdeckt.

Ein guter Start ist auf jeden Fall ein kurzes Gespräch, in dem man herausfinden kann, ob Gemeinsamkeiten da sind, die einem das Zusammenleben erleichtern, und ob man sich grundsätzlich gut versteht. Der erste Eindruck wiegt oft schwer und bestätigt sich immer wieder. Hör also auch auf dein Bauchgefühl, das dir oft gleich klarmacht, ob du mit jemandem auskommen wirst oder nicht. Auch wenn man gut befreundet ist, aber weiß, dass man beispielsweise ein unterschiedliches Ordnungsempfinden hat, ist es vermutlich besser, nicht zusammenzuziehen.

Der Preis
Der Preis, den man für seinen Teil der Wohnung bezahlt, ist meist oft das letzte Argument – das »Killerargument« – , denn es macht nur Sinn, ein Zimmer zu mieten, das man sich auch leisten kann. Alles andere führt früher oder später zu echten Problemen finanzieller Art.

WG-Suche

Wenn du in eine WG ziehen willst, hast du zwei Möglichkeiten. Entweder du schnappst dir ein paar Freunde, suchst mit ihnen eine geeignete Wohnung und gründest selbst eine WG. Oder du mietest ein Zimmer in einer bereits bestehenden WG.

Die Zimmersuche selbst funktioniert natürlich genauso wie die Suche nach der eigenen Wohnung. Am besten schaust du im Internet oder in Zeitungen nach Angeboten. Wenn du schon Leute an der Uni kennst, frag sie doch mal, ob sie von einem freien Zimmer gehört haben und wohin du am besten ziehen solltest. Viele gute Wohnungen werden unter den Studenten weitergegeben und gelangen kaum ins Internet oder eine Zeitung. Wenn du die Stadt noch gar nicht kennst, kann es nicht schaden, an die Uni zu fahren, schon mal gemütlich das Stadtviertel zu erkunden und zu schauen, wo noch Zimmer frei sind. So kannst du auch gleich sehen, ob dir das Viertel gefällt. Du musst aber nicht unbedingt in der Nähe der Uni wohnen, vielleicht sind andere Faktoren wie zum Beispiel Ausgehmöglichkeiten für dich wichtiger. Druck dir ein paar Angebote auf den einschlägigen Internetportalen, die du am Ende des Buches findest, aus und besichtige die Zimmer. Schau auch auf die Uni-Homepage, meist gibt es dort eine Wohnungsbörse, die von den Studenten genutzt wird.

Das WG-Leben

Was macht das WG-Leben aus und worin besteht der Unterschied zwischen einer WG und einer eigenen Wohnung? Wie der Name schon sagt, ist eine WG eine Wohngemeinschaft einer Gruppe von Menschen. In einer Gruppe zu leben, bedeutet automatisch, dass man auf gewisse persönliche Freiheiten verzichten und den anderen Mitbewohnern mit Rücksicht und Respekt begegnen muss. Meist ist diese Einschränkung der Freiheiten unter Studenten jedoch kaum zu bemerken bzw. nicht störend, da man ohnehin ein sehr lockeres Miteinander pflegt.

Vor- und Nachteile einer WG

Wenn du in eine WG ziehst, musst du dir bewusst sein, dass du zwischen Büffeln und Rumhängen abzuwägen hast. Ein VWL-Student würde dazu sagen, du musst einen Trade-off machen. Damit ist ein Abwägen der Vor- und Nachteile gemeint.

Eine WG bietet viele Möglichkeiten sich abzulenken. Es kann passieren, dass man den ganzen Tag herumsitzt und mit seinen Mitbewohnern plaudert, ohne etwas fürs Studium zu tun. Auch wenn Diskussionen sehr anregend sind und einen persönlich bereichern, so sollte man darüber nicht sein Studium vernachlässigen. Um das zu bewerkstelligen, gibt es verschiedene Taktiken: Du kannst beispielsweise außerhalb der WG lernen, etwa in der Unibibliothek, um dich nicht unnötig ablenken zu lassen, oder du spannst deine Mitbewohner ein und ihr lernt gemeinsam. Dazu brauchst du einerseits viel Disziplin, andererseits bringt dir das gemeinsame Lernen aber auch Vorteile – im Gespräch merkst du vielleicht, dass du zu einseitig gelernt oder wichtige Punkte übersprungen hast.

Du könntest dir auch einen Tagesplan erstellen und dir die Zeit zum Lernen so einteilen, dass du immer wieder Pausen einlegen kannst, in denen du mit deinen Mitbewohnern plauderst. Achte nur darauf, dass die Pausen nicht zu sehr ausarten.

In einer WG bist du in deiner Privatsphäre eingeschränkt, denn die anderen Mitbewohner sehen alles, was du tust – na ja, fast alles. Es ist beinahe nicht möglich, all seinen Tätigkeiten unbeobachtet nachzugehen. Das muss dir bewusst sein, wenn du in eine WG ziehst. Gleichzeitig läufst du aber in einer WG nie Gefahr, dich einsam zu fühlen – wenn du mit jemandem reden oder etwas unternehmen möchtest, ist immer jemand da. In einer WG gibt es im besten Fall immer ein Miteinander – das vielleicht so ähnlich ist wie das Zusammenleben einer kleinen Familie. Denn wenn du Glück hast, werden deine Mitbewohner zu echten Freunden.

Mit Konflikten umgehen

Konflikte treten in jeder WG auf, da verschiedene Persönlichkeiten auf engem Raum miteinander auskommen müssen. Zwar werden die Konflikte meist nicht offen ausgetragen, das Konfliktpotenzial ist jedoch stets vorhanden. Einer der häufigsten Streitpunkte ist die Ordnung in einer WG, weil es starke Unterschiede im Ordnungsempfinden gibt. Zu große Unterschiede zwischen den Mitbewohnern sind ein latenter Konfliktherd.

Lärm oder Geräusche können ebenso zu einem Streitpunkt innerhalb einer WG werden. Es gibt sehr empfindliche Menschen und sehr hellhörige Wohnungen, die einem das Leben nicht unbedingt erleichtern.

Die schlimmsten Konflikte sind Geldstreitigkeiten, denn daran können die besten Freundschaften zerbrechen. Mach nicht unnötig Schulden bei Freunden, und wenn es doch einmal sein muss, dann zahle sie so schnell wie möglich zurück. Der gemeinsame Einkauf ist ein typisches Beispiel dafür, wie man schnell bei den anderen in der Kreide stehen kann, weil du nicht genug Geld dabei hast und die anderen deinen Anteil mitzahlen müssen. Hier gilt es eine vernünftige Lösung zu finden: Wie wär's zum Beispiel mit einer Haushaltskasse? Ihr könnt natürlich auch getrennt einkaufen gehen, und jeder Mitbewohner bekommt sein eigenes Fach im Kühlschrank, in dem er seine Sachen aufbewahrt. Ganz wichtig: Der WG-Ehrencodex verbietet es, Dinge aus dem Fach des Mitbewohners zu entnehmen, ohne zu fragen. Denn nichts ist schlimmer, als nach einem langen, anstrengenden Tag an der Uni heimzukommen und sich auf den Sahnepudding zu freuen, den man am Tag zuvor für sich gekauft hat, den Kühlschrank leer und den Puddingbecher im Mülleimer vorzufinden. Natürlich fördert die Methode des individuellen Einkaufens nicht gerade das harmonische Miteinander, aber sie ist manchmal die einzige sinnvolle Lösung, wenn z. B. ein Mitbewohner Vegetarier ist, während der andere auf sein Schnitzel nicht verzichten möchte, der dritte nur Fastfood verzehrt und der Letzte im Bunde ein Nimmersatt ist. Eine gute Lösung ist, dass man einen Grundstock gemeinsam einkauft, wie Toilettenpapier, Putzmittel oder häufig benötigte Nahrungsmittel wie Nudeln und Tomatensauce. Für den Rest sorgt jeder dann selbst und beschafft sich seine speziellen Wünsche.

Es ist oft der Fall, dass Konflikte unterschwellig brodeln, da die WG-Bewohner nicht miteinander kommunizieren. Meist will man auch nicht den Polizisten spielen und das Gemecker der Eltern nicht nachmachen. Trotzdem ist eine klare, aber kollegiale Kommunikation sehr wichtig. Sag deinen Mitbewohnern freundlich, dass dich etwas stört. Übe am besten Kritik an der Handlung oder dem Zustand, der dir nicht gefällt, dann kann dein Gegenüber besser damit umgehen. Vermeide Kritik an der Person, da du dadurch nur Widerstand erzeugst.

Ebenso wichtig wie das Lösen von Konflikten ist eine faire Verteilung von Aufgaben wie Putzen und Kochen, Geschirrspülen, Müllentsorgen usw. Dabei gibt es die selbst regulierende Variante, die bei vielen Studenten sehr beliebt ist – dabei hoffen alle Beteiligten einfach, dass früher oder später schon einer putzen wird und sich dabei eine gewisse Gleichmäßigkeit einpendelt. Damit es jedoch nicht zu Streitigkeiten kommt, die das WG-Leben belasten, ist ein Putzplan hilfreich. Das selbst regulierende Prinzip funktioniert meist nicht optimal, da es nicht gerecht ist, und der Putzplan ist manchen zu spießig. Jede WG sollte sich darum bemühen, eine Lösung zu finden, die zu den Menschen passt und deshalb funktioniert. Das Resultat muss stimmen. Manchmal braucht es dazu auch jemanden, der kontrolliert, dass alles seine Ordnung hat. Wichtig ist, dass alle Bewohner einen gemeinsamen Nenner finden. Echte Probleme entstehen erst, wenn sich eine Partei vollkommen aus der Verantwortung nimmt. Eine unfaire Verteilung der Aufgaben führt früher oder später unweigerlich zu Frust.

Das WG-Leben gestalten

Damit alle Bewohner sich in der WG wohlfühlen, solltet ihr das WG-Leben aktiv gestalten. Dabei gibt es eine Reihe von Möglichkeiten, das Zusammenleben im Alltag einfacher zu machen. Gemeinsame Essenszeiten ermöglichen es nicht nur Geld zu sparen, da man nur einmal kochen muss, sie sind auch eine soziale Austauschplattform. Man kann über Probleme reden und lernt sich besser kennen. Zusammen zu essen, ist für viele WG-Bewohner ein wichtiger Fixpunkt, der das Zusammenleben stabiler und harmonischer gestaltet.

Andere Möglichkeiten können das regelmäßige Anschauen einer Serie, gemeinsames Joggen oder eine andere sportliche Betätigung sein. Das WG-Leben lässt sich auch durch Spielabende auflockern, sei es durch das trendige Poker oder alte Brettspiele. Und natürlich macht es mehr Spaß, wenn man dazu eine Flasche Wein öffnet oder ein paar Biere trinkt.

Das Highlight des WG-Lebens ist wohl sicherlich die WG-Party. Mit den richtigen Gästen kommt Stimmung in die Bude. Nach Möglichkeit solltet ihr euch bereits mit den Nachbarn gut gestellt haben, denn ein gutes nachbarschaftliches Verhältnis vereinfacht das Zusammenleben ungemein. Meist sind WG-Partys interessanter als öffentliche Partys, da sie authentischer sind. Das Eis brechen können Motto-Partys mit Kostümen und der entsprechenden Dekoration. Jede WG sollte etwas finden, das zu ihr passt und zu den Menschen, die kommen.

Da das Zusammenleben dazu führt, dass man etwas von seiner Privatsphäre aufgeben muss, ist es umso wichtiger, dass man die Privatsphäre der anderen respektiert. Es könnte ja sein, dass du deinen Mitbewohner in einem ungünstigen Augenblick erwischst, wenn du einfach in sein Zimmer platzt. Das muss nicht sein, also klopf lieber zuerst an, wenn die Tür geschlossen ist – das hat vermutlich seinen Grund.

Man sollte auch im Voraus klären, was persönliches Eigentum ist und was gemeinsam genutzt werden kann. Der größte Streitpunkt beim Eigentum ist – wie oben schon angedeutet – der Kühlschrank, zumindest dann, wenn man getrennt einkauft. Hier ist es leider nicht mehr so wie zu Hause bei Mama, wo man einfach den Kühlschrank aufmacht und sich nimmt, worauf man gerade Lust hat.

Ein WG-Leben bietet die Möglichkeit, andere Menschen kennenzulernen und sich persönlich weiterzuentwickeln – zum Beispiel durch das Zusammenleben von Studenten unterschiedlicher Studienrichtungen, unterschiedlicher Semester oder auch von Menschen, die in verschiedenen Branchen arbeiten.

WG-Bewohner-Typen: Ordnungsfanatiker und Stubenhocker

Wohngemeinschaften sind so vielfältig wie ihre Mitbewohner. Verschiedene Menschen haben unterschiedliche Bedürfnisse, und genauso ist es auch in einer WG. Es gibt die eher Ordnungsbewussten, bei denen alles immer sauber aufgeräumt sein muss, und die klassischen Chaoten, in deren Zimmern sich die letzten paar Wochen anhand der Schichten von Kleidern und Büchern zurückverfolgen lassen. Ebenso ist die Lärmempfindlichkeit unterschiedlich ausgeprägt. Manche Wohnungen sind sehr hellhörig, was den einen zusetzt, während andere eine wesentlich höhere Schmerzgrenze haben. Es soll auch Menschen geben, die einen gewissen Grundpegel an Geräuschen brauchen, um sich wohlzufühlen. Wie sehr man sich an den WG-Lärm gewöhnt hat, merkt man dann, wenn man in der Bibliothek das Summen der Lampen hört, weil es so leise ist, dass man sich schon fast nicht mehr konzentrieren kann.

Auch der Aktivitätsgrad der Mitbewohner ist meist unterschiedlich. Es gibt jene, für die jeden Tag eine Party stattfinden muss, und andere, die am liebsten alleine die nächsten 365 Tage dieses Jahres im Internet verbringen würden. Da wären jene Mitbewohner, die nie da sind. Auf mysteriöse Weise schaffen sie es immer, nach einem selbst nach Hause zu kommen und vor einem wieder zu gehen. Und nicht zu vergessen jene Mitbewohner, die sich den ganzen Tag in ihr Zimmer sperren ...

Wie auch immer die persönlichen Präferenzen aussehen, man sollte stets auf seine Mitbewohner Rücksicht nehmen, sei es bezüglich lauter Musik oder mangelnder Ordnung. Gerade bei diesem Thema ist es wichtig, sich an die eigene Nase zu fassen, wenn man weiß, dass man selbst etwas weniger ordentlich ist, und immer wieder zu versuchen die Initiative zu ergreifen und etwas wegzuräumen. Entgegen aller Volksmythen sind Chaoten nicht zwangsläufig intelligentere Menschen oder gar Genies. Mangelnde Selbstdisziplin kann einem im Laufe eines Studiums sogar zum Verhängnis werden.

Des Weiteren sollte man sich in Acht nehmen vor Mitbewohnern, die sich vollkommen aus der Verantwortung stehlen. Diese Menschen sind nicht zwangsweise unhöflich, aber auf Dauer nicht auszuhalten. Von solchen Zeitgenossen sollte man sich lieber heute als morgen trennen,.

Es ist immer hilfreich, selbst vorbildhaft seine Aufgaben zu erfüllen, denn dadurch kann man den anderen aufzeigen, wie es geht. Nur zu meckern und dann die anderen machen zu lassen, ist nicht in Ordnung und für das WG-Klima nicht gerade förderlich. Wenn man selbst merkt, dass man viel nörgelt, kann es nicht schaden, dies einmal etwas zu reduzieren – und zwar nicht erst dann, wenn einem gesagt wird, dass man etwas ändern muss, weil die anderen WG-Bewohner einen nicht mehr aushalten.

Der passende Mitbewohner

Eine WG ist nicht für die Ewigkeit, oft ziehen Mitbewohner aus, und man muss sie ersetzen, da man die Miete für die gesamte Wohnung nicht allein bezahlen kann. Worauf ist hierbei zu achten?

Es schadet nie, wenn man versucht, einen Mitbewohner schon im Vorfeld besser kennenzulernen. Man kann zum Beispiel zusammen was trinken gehen und schauen, wie man sich versteht. Wer nicht weiß, wie er die Suche nach einem Mitbewohner durchführen soll, kann sich den Film *L'Auberge espagnole* ansehen. Der Film handelt von einer sehr lockeren WG von Austauschstudenten in Barcelona. Die Bewohner nehmen den neuen Mitbewohner in einem sehr chaotischen Kreuzverhör auseinander und prüfen, ob er zu ihnen passt. Dabei werden allerlei Fragen über seine Person gestellt, nur um am Schluss zu merken, dass sie alle sowieso sehr unterschiedlich sind und er sehr gut in die Gemeinschaft auf Zeit hineinpasst.

Egal, ob man selbst eine Wohnung sucht oder einen neuen Mitbewohner, wenn das Zwischenmenschliche nicht stimmt, ist Ärger vorprogrammiert. Den passenden Mitbewohner zu finden, kann entscheidend für die Zukunft der WG sein. Man merkt sehr schnell, ob es passt oder nicht, und wenn man ein schlechtes Bauchgefühl hat, sollte man auch darauf hören.

Alarm! Die Eltern kommen

Ein einziges Telefonat kann genügen, um dich in Panik zu versetzen – nämlich dann, wenn deine Eltern anrufen und sich kurzfristig für eine Stippvisite ankündigen. Denn du möchtest ihnen natürlich beweisen, dass du auf eigenen Beinen stehst und dein Leben erfolgreich managst. In deiner Studentenbude herrscht jedoch das Chaos: Die Reste der letzten Fete stehen noch rum, das Bad hat schon lange keiner mehr geputzt und die Küche hat sich in ein Biotop für bedrohte Bakterienarten verwandelt. Nun gilt es, alle Kräfte zu mobilisieren, um deinen Eltern eine – wenigstens einigermaßen – saubere Wohnung präsentieren zu können. Dafür solltest du auch alle verfügbaren Mitbewohner mobilisieren: Drück ihnen einen Lappen, einen Wischmob oder den Staubsauger in die Hand und los geht's! Einer für alle und alle für einen. Schließlich würdest du das Gleiche für deine Mitbewohner tun, wenn sie deine Hilfe bräuchten, weil ihre Eltern sie spontan überraschen wollen.

Falls noch etwas Zeit bleibt, bis deine Eltern ankommen und wenn du einen besonders guten Eindruck hinterlassen möchtest, bietet es sich an, noch schnell zum Supermarkt zu gehen. Denn viele Mütter öffnen mit einer fadenscheinigen Ausrede den Kühlschrank, um festzustellen, ob ihr Sprössling auch gesund isst. Ein bisschen Obst und Gemüse sollte also in deiner Wohnung vorhanden sein – zumindest als Alibi.

Wenn du es nicht rechtzeitig schaffst, die Wohnung so sauber zu machen, dass deine Eltern zufrieden sind, ist es sinnvoll, mit ihnen einen Ausflug in die Stadt zu machen. Die meisten Eltern wollen während ihres Besuchs schließlich auch etwas zu sehen bekommen. Bei der Wahl der Ausflugsziele kannst du deiner Kreativität freien Lauf lassen. Je nach elterlichen und persönlichen Vorlieben bieten sich Museen, Sehenswürdigkeiten, Naherholungsgebiete oder Cafés an. Du kannst ihnen auch deine Universität und den Campus zeigen, damit sie das Gefühl bekommen, dass du dich dort gut auskennst und offenbar wirklich viel Zeit dort verbringst. Fast schon obligatorisch ist der gemeinsame Gang ins Restaurant, denn die armen Eltern sollen schließlich nicht verhungern. Für dich ist das außerdem eine wunderbare Gelegenheit, dir endlich wieder einmal ein nahrhaftes Essen spendieren zu lassen.

Das Beste zum Schluss: Fazit

Ob man der Typ für eine WG ist, muss jeder für sich selbst herausfinden, das Leben in einer WG bietet auf jeden Fall viele Vorteile. Wie man den Alltag gestaltet, hängt von den Bewohnern ab. Ob man eher militärisch alles organisieren möchte oder in einem anarchistischen Chaos lebt, ist jedem selbst überlassen. Es gibt sicher einen Mittelweg, den die meisten WGs auch leben.

Tipps
- Schau dir die Wohnung und auch Mitbewohner genau an, bevor du dich zum Einzug entscheidest.
- Lerne deine Mitbewohner kennen und versuche Konflikte schon früh konstruktiv anzugehen, damit die unausgesprochenen Probleme nicht so schwerwiegend werden, dass das Zusammenleben unmöglich wird.
- Kommuniziere offen und ehrlich, sag, wenn dich etwas stört, aber sag es so, dass der andere es auch akzeptieren kann.
- Achte darauf, dass die Aufgaben fair verteilt sind und du auch deinen Beitrag leistest.
- Ordnung muss sein (aber es liegt im eigenen Ermessen, wie viel).
- Versuche, ein gutes Verhältnis zu deinen Nachbarn aufzubauen.

VI. Warum ist am Ende des Geldes noch so viel Monat übrig?

Verzweifelt stellte Mona fest, dass sie schon wieder pleite war. Dabei war am Ende ihres Geldes noch so viel Monat übrig! Ihr stand das verhasste Telefonat nach Hause bevor. Schon wieder nach Geld zu betteln, war Mona zuwider. Frustriert saß sie in der Küche, als ihr Mitbewohner hereinkam, um sich Pasta zu kochen. Als er sie so am Tisch sitzen sah, fragte er Mona, was ihr denn fehle. »Mir? Nichts«, antworte Mona. »Aber meinem Geldbeutel! Dem fehlt einiges, und zwar an Inhalt!« »Deinem auch?«, fragte ihr Mitbewohner ironisch. Nach einem aufmunternden Gespräch fasste Mona einen Entschluss. Am nächsten Tag wollte sie sich einen Nebenjob suchen, um ihre Finanzen aufzubessern. Gleich morgens durchstöberte sie die Stellenanzeigen. Was sie genau arbeiten wollte, wusste sie noch nicht. Aber sie ließ sich nicht entmutigen. Und sie hatte Glück. Nach etlichen Bewerbungsgesprächen konnte sie im Café um die Ecke als Kellnerin anfangen. Der Vorteil an dieser Stelle war, dass sie sehr flexible Arbeitszeiten hatte. Dennoch würden der Job und die zusätzliche Belastung zu einer Bewährungsprobe für ihr Organisationstalent werden. Mona wusste jedoch, dass dies die einzige Möglichkeit war, ihre finanzielle Lage aus eigener Kraft aufzubessern.

Hast du dich das auch schon mal gefragt? Bist du vielleicht sogar Mitglied der gleichnamigen StudiVZ-Gruppe? Dann weißt du es bereits: Du bist nicht allein. Geldsorgen sind ein alltägliches Problem. Lies in diesem Kapitel nach, wie du Geldnot vermeidest oder zumindest in Schach hältst, wo du sinnvoll sparen kannst und wie man leicht zu zusätzlichem Kleingeld kommt.

Test: Dein Umgang mit Geld

Manche haben es, manche haben es nicht. Manchen zerfließt es zwischen den Händen, machen fällt es in den Schoß. Wir alle brauchen es, viele von uns wissen das, manche träumen davon, anderen bereitet es schlaflose Nächte: Das liebe Geld.

Es gibt weltweit unzählige Milliarden Dollar Bargeld. Und trotzdem hast du manchmal zu wenig? Finde heraus, woran das liegt! Um dir vor Augen zu führen, wie du mit Geld umgehst, was du richtig und was du falsch machst, wo du etwas ändern kannst und was auf jeden Fall so bleiben muss, mach einfach den folgenden Test:

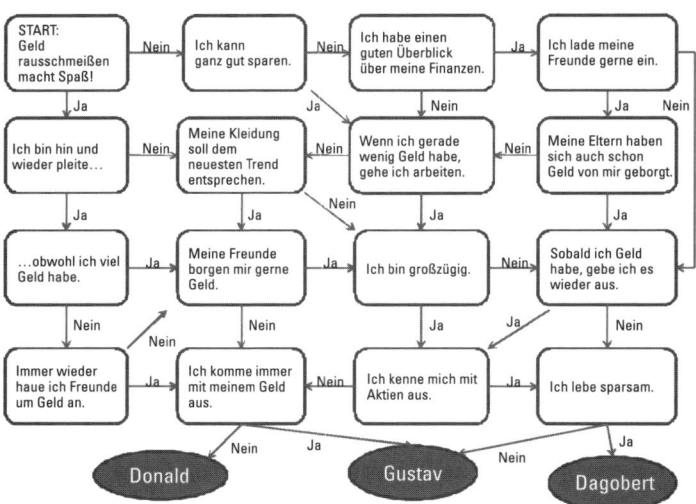

Auswertung:

Verwöhnt wie Gustav Gans: Du Glückspilz! Du hast keine Geldsorgen, denn dir fällt alles in den Schoß. Du verfügst meistens über das nötige Kleingeld, und sollte es dir ausgehen, findest du Methoden, dir wieder welches zu beschaffen: durch deine reichen Eltern, großzügigen Patentanten, mit Glück im Spiel oder einfach durch dein geschicktes Händchen für lukrative Jobs. Bist du trotzdem knapp bei Kasse, ist auch das kein Problem. Du hast immer Freunde, die dich einladen, und kommst im Zweifelsfall auch mal eine Zeit lang ohne Geld aus. Schulden zu machen, liegt dir nicht, weil du nicht abhängig sein möchtest. Dein Vorteil ist, dass du ein ausgezeichnetes Gespür dafür hast, wie viel Geld dir zur Verfügung steht. Deine Bedürfnisse und vor allem deine Ausgaben passt du dementsprechend an und gerätst so nie in Geldnot. Daher kommst du immer mit deinem Budget zurecht, es bleibt allerdings nie etwas übrig. Um auch in Zeiten der Ebbe im Geldbeutel gut über dir Runden zu kommen, solltest du Folgendes lernen: Sparen.

Arbeits- und sparsam wie Dagobert Duck: Du arbeitest hart für dein Geld, hamsterst es, liebst es und würdest es am liebsten nie wieder hergeben. Geld auszugeben, magst du gar nicht. Lieber verleihst du es zu hohen Zinsen oder lässt es anderweitig für dich arbeiten. Du hast viel Geld, für deinen Geschmack aber nicht genug. Daher sparst du gerne – anstatt dein Pulver zu verschwenden, vergleichst du lieber. Du haushaltest gut mit deinem Geld. Manchmal zu gut: Du verzichtest oft auf Annehmlichkeiten und hast ein schlechtes Gewissen, wenn du deine hart verdienten Moneten wieder ausgibst. Dabei musst du wissen: Geld allein macht nicht glücklich. Aber die Sachen, die man damit kaufen kann. Etwas anderes kann dir dieses wahrscheinlich nicht erklären: Du bist Profi auf dem Gebiet des sorgsamen Umgangs mit Geld!

Schön normal wie Donald Duck: Du machst dir ein angenehmes Leben, hast aber ständig zu wenig Kohle. »Wie gewonnen, so zerronnen« – dieser Spruch passt am besten auf dich. Du weißt gar nicht, wo das Geld am

Ende des Monats immer hin ist. Dein Problem ist wahrscheinlich, dass du keinen Überblick über deine Finanzen hast. Und so manchmal mehr ausgibst, als dir eigentlich zur Verfügung steht. Aber keine Sorgen: Im folgenden Kapitel findest du einige Tipps und Tricks, deinen Finanzhaushalt locker in den Griff zu bekommen.

Der richtige Umgang mit Geld

Das Allerwichtigste im Umgang mit Geld ist es, den Überblick zu behalten. Sobald du nicht mehr weißt, wie viel du hast, wie viel du bekommst und wie viel du ausgibst, sind Geldsorgen vorprogrammiert. Wie du den Durchblick behältst? Das ist nicht schwer, aber – Achtung – spießig. Du musst dich mit dem Gedanken anfreunden, ein bisschen zu planen und auch mal was aufzuschreiben. Die folgenden sechs Schritte zeigen dir, wie du am besten vorgehst.

1. Liste deine momentanen Ausgaben auf.
2. Stelle die voraussichtlichen Kostenpunkte deiner Studienzeit zusammen.
3. Zähle deine voraussichtlichen Einnahmen auf.
4. Erstelle ein Budget und überprüfe es:
    a. Positives Ergebnis? Alles richtig gemacht!
    b. Negatives Ergebnis? Weiter bei 5.
5. Mehr einnehmen und/oder
6. Weniger ausgeben.

1. Momentane Ausgaben auflisten

Hast du eine Ahnung, wie viel Geld du wöchentlich brauchst? Oder monatlich? Oder gar jährlich? Manche haben zumindest einen Ansatzpunkt: mehr als das mickrige Taschengeld. Andere haben gar keine Ahnung und sind immer wieder erstaunt über hohe Handyrechnungen oder vergessene Schulden. Doch selbst die, die ihre Finanzen grob abschätzen können, wissen über das Interessanteste oft nicht Bescheid: Wofür brauche ich das ganze Geld? Den wenigsten Menschen ist wirklich bewusst, wohin ihr Schotter fließt. Der Umgang mit Geld ist so alltäglich geworden, dass wir ihn gar nicht mehr aufmerksam verfolgen. Hier ein Kaugummi nach dem Essen, dort der Morgenkaffee – nicht nur, dass uns nicht mehr auffällt, wie viel wir ausgeben, wir vergessen es auch oft. Hattest du schon mal das Gefühl, Geld verloren zu haben bzw. es einfach nicht mehr zu finden? Dann bist du reif für die Liste: Kauf dir ein Notizheft – es muss nicht teuer oder schön sein, aber du solltest es mögen. Es wird dich nämlich einen Monat lang begleiten (für die Faulen reicht als Einstieg auch erst einmal eine Woche). Und in dieses Heft kommen nun alle Ausgaben. ALLE. Nicht nur die großen. Du solltest jede Kleinigkeit notieren – vom Snack in der Pause bis zum Kleingeld für die Garderobe im Club. Du wirst sehen: Die penible und anstrengende Arbeit lohnt sich. Erstens merkst du endlich, wofür du dein Geld ausgibst. Zweitens bekommst du einen Überblick über die einzelnen Posten in deinen Ausgaben (Essen, Weggehen, Kleidung, Freizeit etc.). Drittens wird die Auflistung dir helfen, deinen zukünftigen Bedarf zu planen und abzuschätzen. Und schließlich ist eine solche Liste eine gute Möglichkeit, Geld zu sparen. Doch dazu später!

2. Kosten des Studiums abschätzen

Das Geld, das du während des Studiums ausgeben wirst, besteht aus zwei Teilen: Einerseits aus den Kosten, die du bereits jetzt tragen musst (Kleidung, Freizeitaktivitäten etc.), andererseits aus neuen Ausgaben, die auf dich zukommen. Die erste Art von Kosten hast du ja bereits kennen (und hassen) gelernt. Der zweite Teil ist für dich vermutlich noch Neuland. Damit du einen Überblick über die Kostenpunkte erhältst, mit denen du im Lauf des Studiums konfrontiert werden wirst, findest du auf den folgenden Seiten Tabellen, in denen Richtwerte für deine Ausgaben während des Studiums aufgelistet sind. Es handelt sich dabei allerdings wirklich nur um Richtwerte, keine festgelegten Beträge! Sie können sich stark unterscheiden, da sie von vielen Faktoren abhängen: Universität, Ort, Wohnung, Lebensstil, Studienrichtung usw. Du musst deine voraussichtlichen Ausgaben im Einzelnen festlegen, indem du dir zum Beispiel folgende Fragen stellst: Wie hoch sind die Studiengebühren meiner Uni? Wie teuer oder billig ist das Land bzw. die Stadt, in der ich studieren werde? Ziehe ich von zu Hause aus? Hat die Uni eine günstige Mensa?

Manche Ausgaben wirst du schon jetzt einschätzen können, andere musst du erfragen oder recherchieren. Die für dich passenden Werte trägst du anschließend in die leere Tabelle ein: Das gibt dir einen guten Überblick und ist auch für spätere Diskussionen mit deinen Eltern, wenn es um das Thema finanzielle Unterstützung geht, sehr hilfreich.

3. Einnahmen

Da du nun weißt, wie viel du ausgeben wirst, ist es an der Zeit, herauszufinden, wer dir die nötigen Mittel zur Verfügung stellen kann. Dabei helfen dir folgende Fragen: Wie viel finanzielle Unterstützung bekomme ich von meinen Eltern? Habe ich bereits einen Nebenjob, den ich auch während des Studiums behalte? Wurde mir ein Stipendium zugesagt? Habe ich noch Erspartes, das ich ausgeben kann?

4. Budgetplan aufstellen und überprüfen

Die Zahlen, die du nun ermittelt hast – also Ausgaben und Einnahmen –, schreibst du an die entsprechenden Stellen in deiner Tabelle. Zähle jeweils alle Kosten und alle Einnahmen zusammen und vergleiche die Ergebnisse.

Geht die Rechnung auf? Sind die Einnahmen sogar noch größer als die Ausgaben? Gratuliere! Du hast genügend finanzielle Mittel, um gemütlich durch dein Studium zu kommen. Geht die Rechnung nicht auf und ist die Ausgabenseite viel größer als die Einnahmenseite? Das ist – wie du dir wahrscheinlich schon gedacht hast – nicht optimal. Es gibt für dich genau zwei Möglichkeiten, die ständige Geldnot zu vermeiden: Entweder du nimmst mehr Geld ein oder du gibst weniger Geld aus. Oder beides. Am effektivsten ist natürlich die Kombination, aber für den Anfang ist das Realisieren einer einzelnen Variante auch schon mal nicht schlecht.

Kostenarten (pro Monat)	D, A Richtwerte	CH Richtwerte	DEINE Kosten hier eintragen
Studium			
Studiengebühr (je nach Uni stark unterschiedlich!)	50 €	80 Fr.	
Lehrmittel (Bücher und Unterlagen)	35 €	40 Fr.	
Wohnen			
Miete (je nach Uni stark unterschiedlich!)	250 €	450 Fr.	
Nebenkosten (wie Treppenhausreinigung, Strom, Heizöl etc. sind meist schon inbegriffen, sonst hier auflisten!)	– €	– Fr.	
Haushaltsausgaben (Waschen, neue Glühbirnen, neue Gläser etc.)	30 €	50 Fr.	
Gebühr für Fernseh- und Radioempfang	– €	40 Fr.	
Internet und Festnetz	30 €	50 Fr.	
Leben			
Verpflegung	160 €	500 Fr.	
Transport (Bahn, Bus, Tram, Auto etc.)	50 €	100 Fr.	
Bekleidung, Körperpflege (Toilettenartikel, Frisör etc.)	55 €	80 Fr.	
Persönliche Ausgaben			
Mobiltelefon	10 €	15 Fr.	
Freizeit, Kultur, Sport	20 €	40 Fr.	
Sonstiges			
Kranken-, Unfall- und Haushaltversicherung, Arztkosten, Medikamente	20 €	40 Fr.	
Kosten insgesamt (pro Monat)	710 €	1485 Fr.	

Einnahmen (pro Monat)	DEINE Einnahmen hier eintragen
Stipendien/Fördergelder	
Einnahmen durch Nebenjob	
Unterstützung durch Eltern, Verwandte etc.	
Einnahmen insgesamt (pro Monat)	

Anweisung zu der Tabelle:

Kosten und Einnahmen die nur einmal im Jahr oder Semester anfallen (wie z.B. die Studiengebühr) müssen durch 12 bzw. 6 geteilt und dann anschließend aufgelistet werden. So kann man die durchschnittlichen Ausgaben und Einnahmen pro Monat berechnen.

(Mehr) Geld einnehmen

Mehr Geld zu bekommen, ist auf den ersten Blick die schwierigere Variante. Längerfristig gesehen kann man Geldsorgen natürlich viel entspannter vermeiden, wenn man einfach mehr Geld zur Verfügung hat. Gerade wenn du noch nicht studierst, lohnt es sich, dir schon vorab über deine studentischen Einkünfte Gedanken zu machen. Mit ein wenig Geschick kannst du dann während des Studiums viel angenehmer leben. Und außerdem weiß schon der Volksmund: »Geld liegt überall herum. Man muss es nur aufheben.« Um es dir einfacher zu machen, lies gleich nach, wo du nach Geld suchen kannst!

Elternhaus
Deine Eltern bekommen eine bestimmte Summe an staatlicher Unterstützung, wie beispielsweise Kindergeld oder verschiedene Freibeträge. Das ist auch der Betrag, der dir rechtlich zusteht – so viel müssen dir deine Eltern mindestens geben. Darüber hinaus sind Eltern ihren volljährigen Kindern in Erstausbildung auch unterhaltsverpflichtet. Im Normalfall wirst du dich jedoch nicht auf gesetzliche Grundlagen berufen müssen, da deine Eltern dein Studium – hoffentlich – freiwillig unterstützen werden. Natürlich gibt es keine fixen Grundsätze dafür, wie viel sie dir zukommen lassen müssen. Es liegt daher an deinem Verhandlungsgeschick, wie viel du bekommen wirst. Denk daran, deinen Eltern die Liste mit deinen voraussichtlichen Ausgaben zu zeigen. Das wird sie aus mehreren Gründen freuen: Sie wissen zum einen vermutlich nicht, wie viel so ein Studium heutzutage kostet (damals war das ja noch alles ganz anders) und müssen sich erst ein Bild machen. Andererseits beweist ihnen deine Auflistung, dass du verantwortungsbewusst mit deinem Geld umgehen und deine Ausgaben gut planen wirst. Sie werden dir entgegenkommen und dir mehr Geld anvertrauen. Hast du dich mit deinen Eltern auf eine realistische Summe geeinigt, müsst ihr noch klären, wie du zu deinem Geld kommst. Am besten ist es, wenn sie dir den Betrag einmal pro Semester oder pro Monat überweisen. Dabei sollten sich beide Seiten an die Ver-

einbarung halten: Deine Eltern müssen dir dein Geld pünktlich auszahlen, sonst kannst du nicht planen. Und du musst dich, wenn ihr ein akzeptables Budget gefunden habt, auch daran halten. Es gibt nichts Peinlicheres als 25-Jährige, die bei der Mama um ein bisschen mehr Taschengeld betteln müssen, um sich eine neue Hose kaufen zu können.
Erfolgschancen: 100%

Staatliche Unterstützung

Wenn deine Eltern aufgrund ihres Einkommens nicht in der Lage sind, voll für deinen Unterhalt aufzukommen, bietet der Staat finanzielle Unterstützung. In Deutschland gewähren Bund und Länder Ausbildungsförderung nach dem Bundesausbildungsförderungsgesetz (BAföG) Die Höhe der Unterstützung richtet sich vor allem nach dem Einkommen deiner Eltern, aber auch danach, ob du noch zu Hause wohnst und ob du Geschwister hast, die ebenfalls noch in der Ausbildung sind. Du selbst darfst ein monatliches Mindesteinkommen von etwa 350 € nicht überschreiten. Die Förderung wird in der Regel nur zur Hälfte als Zuschuss gewährt, die andere Hälfte musst du später – ohne Zinsen – in Raten zurückzahlen. In Österreich werden Studenten, deren Eltern ein geringes Einkommen haben, durch die Studienbeihilfe unterstützt. Die Höhe richtet sich nach verschiedenen Faktoren und kann sehr unterschiedlich ausfallen: Sie reicht von 15 € bis über 679 € monatlich. Das Geld muss nicht zurückgezahlt werden. Verdienen deine Eltern knapp »zu viel« Geld, kannst du auch einen Studienzuschuss beantragen – es werden dir dann deine Studiengebühren erstattet. In der Schweiz vergeben die Wohnsitzkantone und zahlreiche Stiftungen Unterstützungen – die Förderung ist also nicht einheitlich geregelt. Am besten informierst du dich bei der Beratungsstelle deiner Uni.

Auch wenn der damit verbundene Papierkram aufwändig erscheint: Es lohnt sich auf jeden Fall, wenn du dich erkundigst und einen Antrag stellst. Als Motivation: In Deutschland erhielten 2005 von rund zwei Millionen immatrikulierten Studenten etwa 500 000 BAföG. Wie alles funktioniert, kannst du auf den Internetseiten der jeweiligen Organisation nachlesen. Einige informative Informationsseiten findest du im Anhang.

Sinnvoll ist es jedoch auch, sich bei den entsprechenden Beratungsstellen an der Uni zu erkundigen.
Erfolgschancen: 25%

Stipendien

Es gibt auch nichtstaatliche Unterstützungen für Studenten. Dabei handelt es sich um unterschiedliche Formen von Stipendien, die von großen Unternehmen, Vereinen und parteinahen oder kirchlichen Stiftungen nach unterschiedlichen Kriterien vergeben werden. Hast du herausragende Noten, ist eine derartige Begabtenförderung oder ein Leistungsstipendium das Richtige für dich. Außerdem solltest du sozial, politisch oder gesellschaftlich in irgendeiner Form engagiert sein. Vielleicht trainierst du ja schon seit einiger Zeit die Juniorfußballmannschaft deines Ortes? Oder bist ehrenamtlich Stadtführer? Solche oder ähnliche Aktivitäten können dir übrigens auch dann zu einem Stipendium verhelfen, wenn du von den akademischen Leistungen her nicht zu den Allerbesten zählst. Es gibt studienfachbezogene Stipendien, beispielsweise das Promotionsstipendium der Schweizer Müller-Meylan-Stiftung, dass nur Studenten der Kunstgeschichte erhalten, oder das Stipendium der Gertrud Reemtsma Stiftung des Max-Planck-Instituts, das neurologische Grundlagenforschung fördert. Wenn du allgemein Möglichkeiten der Stipendienvergabe recherchieren möchtest, ist es immer ratsam, zuerst auf der Homepage deiner Universität nachzusehen, oft findest du dort wichtige Hinweise, wie man an ein Stipendium kommt.

In Deutschland musst du dich für ein Stipendium in den meisten Fällen bei einer Stiftung bewerben, und in der Regel machen das Studierende im Hauptstudium, die kurz vor ihrem Abschluss stehen, oder Doktoranden. Die Spanne der finanziellen Förderung reicht von 650 bis 1500 €.

In Österreich wiederum gibt es Leistungs- und Förderungsstipendien, die sowohl von der Studienbeihilfebehörde als auch von der Akademie der Wissenschaften sowie den Fonds der Nationalbank vergeben werden. Als ausschlaggebendes Auswahlkriterium gelten hier ebenfalls vor allem überdurchschnittlich gute Noten. Die Höhe dieser Stipendien liegt zwischen 700 bis 1500 Euro.

Im Gegensatz dazu wird die Vergabe von Stipendien in der Schweiz von den Kantonen geregelt und ist von Kanton zu Kanton unterschiedlich. Die Höhe eines Stipendiums richtet sich hier im Einzelfall nach dem Einkommen deiner Eltern, der Höhe der Studiengebühren an deiner Uni und deinen Wohnungsmietkosten.

Erfolgschancen: Laut Statistiken: 2%. Für dich als hoch motivierten zukünftigen Musterstudenten: 3%

Darlehen

Solltest du kein Stipendium bekommen, kannst du dir überlegen, ob du ein Darlehen oder einen Bildungskredit aufnehmen willst. Studentische Darlehen sind meist zweckgebunden – das Geld darfst du dann zum Beispiel nur für die Studiengebühren verwenden. Bei einem Bildungskredit bekommst du Geld zu Sonderkonditionen geliehen. In beiden Fällen musst du den Betrag (plus Zinsen) später wieder zurückzahlen. Das hat einen großen Vorteil: Du wirst dein Studium viel mehr schätzen und wahrscheinlich konsequenter arbeiten und lernen, da du weißt, dass du deinen Abschluss aus eigenen Mitteln finanzierst. Und diese Möglichkeit, an Geld zu kommen, wirkt sich auch auf dein Selbstvertrauen aus: Jetzt bist du völlig unabhängig von deinen Eltern. Der einzige Nachteil: Wenn du mit dem Studium fertig bist, sitzt du erst mal auf einem Berg von Schulden. Erfolgschancen: 50%

Nebenjob

Eine sehr weit verbreitete und auch ziemlich naheliegende Methode, Geld zu verdienen, ist, zu arbeiten. Zeit ist Geld. Wissen wir alle. Geld haben Studenten nicht so viel. Zeit haben Studenten dafür schon – warum also nicht das eine in das andere verwandeln?

Es gibt unterschiedlichste Gründe dafür, neben dem Studium zu arbeiten. Einige wollen nur ein bisschen Geld dazu verdienen, andere suchen nach Berufserfahrungen und vorteilhaften Stationen im Lebenslauf, und wieder andere finanzieren sich auf diese Weise ihr Studium. Die einen arbeiten während des Semesters, die anderen nur in den vorlesungsfreien Zeiten. Für manche ist ein studiennaher Job ein Muss. Beispielsweise kann man sich als sogenannter Werkstudent eine Arbeit suchen, die fachlich zu dem passt, was man studiert. Im Unterschied zu einem »normalen« Nebenjob hat man einen festen Arbeitgeber, arbeitet maximal 20 Stunden pro Woche während der Vorlesungszeit und bekommt ein Gehalt.

Wenn du dich hingegen für einen Job an deiner Uni interessierst, gibt es ebenfalls verschiedene Möglichkeiten: Du kannst als studentische Hilfskraft (Hiwi) für einen Professor in deiner Fachrichtung oder auch in der Bibliothek arbeiten. Schau auf der Homepage deiner Universität nach, ob und welche Hiwi-Jobs für deine Fachrichtung angeboten werden, und ob etwas davon für dich infrage kommt. Die meisten Studenten sammeln ihre ersten Erfahrungen jedoch bei Jobs, die mit der Uni überhaupt nichts zu tun haben. Neben dem Klassiker Kellnern kann das im Extremfall auch mal ein Promotion-Job als wandelndes Handy sein, womit man zumindest im Ranking für den ausgefallensten Nebenjob ziemlich weit oben liegen dürfte …

Stellenangebote für Nebenjobs findest du zum Beispiel in Uni-Jobbörsen, an Schwarzen Brettern in Fakultätsgebäuden, auf Aushängen vor den Hörsälen oder in Anzeigen von Stadtmagazinen und Zeitungen. Wenn du ganz bestimmte Vorstellungen hast, was, beziehungsweise wo du gerne jobben möchtest, kannst du natürlich auch die Initiative ergreifen, und beispielsweise in der stylischen Szenekneipe bei dir um die Ecke nachfragen, ob sie dort noch jemanden für die Bar brauchen. Generell ist es so, dass studienfremde Jobs häufiger und daher leichter zu bekommen sind als studiennahe Jobs. Umgekehrt lohnt es sich aber, nach einem Job zu suchen, der zum Studium passt: So kannst du gleich in deinen Traum(?)beruf hineinschnuppern.

Für welche Art von Job du dich auch entscheidest, du solltest immer unbedingt darauf achten, bestimmte Verdienstobergrenzen nicht zu überschreiten: Wenn du in Deutschland mehr als 7664 Euro im Jahr verdienst, liegst du über dem Steuerfreibetrag, das heißt, du musst Steuern zahlen. Willst du den Anspruch auf Kindergeld nicht verlieren, darfst du nicht mehr als 7680 € im Jahr dazuverdienen. Rentenversicherungsbeiträge musst du allerdings trotzdem zahlen. Darum kommst du nur herum, wenn du einen sogenannten Minijob hast, bei dem du nicht mehr als 20 Stunden in der Woche arbeiten darfst und nicht mehr als 400 Euro im Monat verdienst. Auch wenn du Bafög bekommst, aufgepasst: Das wird dir bereits gekürzt, wenn du mehr als 360,88 Euro im Monat verdienst.

In Österreich liegt der Steuerfreibetrag für Studenten bei 333,16 Euro pro Monat.

Jobbende Studenten in der Schweiz zahlen auch ab einem Mindesteinkommen Steuern. Wie hoch dieses sein darf, ist von Kanton zu Kanton unterschiedlich. Im Kanton Zürich zum Beispiel liegt die Höchsteinkommensgrenze bei 6200 Franken pro Jahr.

Tipps: Mehr Geld einnehmen
Es gibt unzählige Möglichkeiten, zu mehr Geld zu kommen – deiner Kreativität sind keine Grenzen gesetzt. Um dich dann doch wieder ein bisschen einzuschränken, hier einige Tipps

- Geh arbeiten. Geld zu haben, macht Spaß. Geld auszugeben auch. Und bei selbstverdientem Geld kannst du das auch ohne Gewissensbisse bis zum Exzess betreiben.
- Arbeite nicht zu viel – das Studium muss die höchste Priorität behalten. (Wenn du einmal abschließen möchtest. Ansonsten sprich mal mit den 30- bis 35-Jährigen, die schon längst Vollzeit arbeiten und Geld verdienen, aber irgendwie noch immer Studenten sein wollen.)
- Heb dir die anstrengenden oder aufwändigen Jobs für die Ferien auf.
- Während der Uni-Zeit solltest du Ablenkung vermeiden und unnötige Anstrengungen reduzieren.

- Empfehlenswert sind Uni-Jobs: Du kannst zum Beispiel bei einem Prof arbeiten oder in der Bib. Man steht dort nicht unter Wettbewerbsdruck – das heißt, auch du wirst nicht immer Höchstleistungen erbringen müssen. Und wenn du mal was lernen musst und weniger Zeit hast, wird das jeder verstehen.
- Bevorzuge respektable Jobs. Die polieren deinen Lebenslauf auf. Und das kann in keinem Fall schaden.

Und schließlich – das ist übrigens das Allerwichtigste:
- Such dir einen Job, der dir Spaß macht: Schuften wirst du später noch genug. (Und in dem, was dir Freude bereitet, bist du wirklich gut. Wer sollte dich da nicht einstellen wollen?)

Erfolgschancen: 100%

Aber jetzt bloß keine Panik! Diese Fakten- und Zahlenjongliererei klingt komplizierter, als sie tatsächlich ist. Mehr Geld zu haben, erleichtert einem das Studentenleben in erster Linie ungemein.

Einen wichtigen Aspekt solltest du allerdings noch bedenken: Das Arbeiten neben dem Studium kann deine Studienzeit verlängern, da du durch den Job vielleicht nicht so viel Zeit zum Lernen hast, wie du brauchst. Wäge daher alle Vor- und Nachteile gut ab: Möchtest du dir Geld leihen und es nach einem raschen Abschluss mithilfe eines guten Jobs zurückzahlen? Oder gehst du lieber schon als Student arbeiten, um unabhängig zu sein und darüber hinaus schon erste Arbeitserfahrung zu sammeln, nimmst dafür aber eine längere Studienzeit in Kauf?

Sonstige Möglichkeiten zu Geld zu kommen

Lass bei deinen Verwandten durchblicken, dass du dich wider Erwarten über Geld mehr freust als über die selbst gestrickten Pullis mit Rudolph dem Rentier darauf. Das klingt zwar hart, ist aber für beide Seiten praktisch: Du kannst dir mit dem Geld einen Pulli kaufen, der dir gefällt, und

deine Tante kann endlich wieder mal was anderes machen, als die Abende strickend vor dem Fernseher zu verbringen.
Erfolgschancen: 30%

Spielst du ein Instrument? Kannst du singen? Jonglieren? Bauchreden? Marionetten bedienen? Breakdancen? Perfekt. Stell dich in eine belebte Fußgängerzone und präsentiere dein Können. Peinlich? Sehr. Lukrativ? Auch. Wenn du dich geschickt positionierst, werden bei deinem Stundenlohn selbst Ärzte schwach.
Erfolgschancen: 100%

Schreib einen Bestseller. Worüber? Tja, das musst du schon selbst wissen. Aber hier ein paar Anregungen: Ein Buch über dein Elend als Student. (»The 1000-Euro-Generation«). Ein Buch über das Elend der Bildung des Volkes. (»Die Generation Doof«). Ein Buch über den Studienanfang (»Survivaltipps für Studienanfänger«).
Erfolgschancen: 0%

Geh durch die Stadt und sammle verlorenes Geld ein.
Erfolgschancen: 2%

Mach Schulden. Das ist sehr verlockend und geht vorerst problemlos – die obligatorischen Zinsen freuen jeden Geldgeber. Trotzdem solltest du das besser bleiben lassen und bei großen Plänen lieber vorab sparen (siehe unten: Verzichten lernen).
Erfolgschancen: leider 100%

Sammle unnützes Zeug und versteigere es auf eBay. Alternativ: Ersteigere unnützes Zeug auf eBay und versteigere es teurer auf eBay.
Erfolgschancen: 25%

Verkaufe etwas, das du gemacht hast, das alle anderen wollen, aber nicht selbst machen, weil sie zu faul sind. Was könnte das sein?

Lösung: Zusammenfassungen, Lernkarten ... Alles schön leserlich und professionell. Der Verkaufshit. Dein Vorteil: Du selber bist am Ende der Einzige, der den Stoff wirklich kann.
Erfolgschancen: 100%

Weniger Geld ausgeben

Um Geldnot zu vermeiden, gibt es, wie gesagt, zwei Methoden. Geld zu verdienen – aufwändig, aber befriedigend –, ist die eine Möglichkeit. Die andere besteht darin, weniger Geld auszugeben. Das hat natürlich – wie alles im Leben – Vor- und Nachteile. Sparen ist unkompliziert und kurzfristig realisierbar. Es macht allerdings keinen großen Spaß. Oft ist es jedoch notwendig, vor allem, um über Engpässe zu kommen.

Damit du nicht unter den Zeiten auf Sparflamme leidest, kannst du Folgendes tun: Du hast ja bereits einige Zeit lang eine Liste geführt, auf der du deine Ausgaben verzeichnet hast. Diese nimmst du nun zur Hand. (Solltest du noch keine gemacht haben, ist JETZT die richtige Gelegenheit, eine zu erstellen!)

Unnötige Ausgaben streichen

Wahrscheinlich hast du einen hohen Betrag für »unwichtige« Sachen ausgegeben, und viele Ausgaben sind dir vielleicht gar nicht als solche aufgefallen. Der Happen an der Uni zwischendurch, der dritte schlechte Kaffee aus dem Automaten, die nächste Schachtel Zigaretten. All diese Dinge sind in Ordnung – solange du sie bemerkst, wertschätzt und genießt. Wenn deine Ausgaben aber schon zu ungesunden Gewohnheiten geworden sind, die du dir eigentlich sowieso abgewöhnen wolltest (rauchen, Alkohol, Süßigkeiten), kannst du sie getrost weglassen. Du wirst dir dabei sogar noch etwas Gutes tun.

Gleiches billiger kaufen

Als Nächstes überlegst du dir, welche Dinge, die du ständig kaufst, du in gleicher Qualität billiger bekommen kannst. Vergleiche einfach die Preise direkt. Bei Büchern oder größeren Anschaffungen solltest du im Internet nachsehen, dort gibt es viele Vergleichsplattformen. Einige Adressen findest du im Anhang. So kannst du herausfinden, wo du genau das gleiche Produkt am günstigsten erhältst, und dabei teilweise viel Geld sparen. Spitzfindiger musst du bei Lebensmitteln sein. Es bietet sich an, gemeinsam mit Freunden oder Mitbewohnern in größeren Mengen einzukaufen – die Preise sind dann fast immer niedriger. Empfehlenswert sind auch »Billigproduktlinien« und Eigenmarken von großen Supermarktketten. Lass dich nicht von der hässlichen Verpackung abschrecken. Es ist das Gleiche drin, es geht den Herstellern nur darum, Kunden mit niedrigerer Zahlungsbereitschaft anzusprechen. Zu denen du ja nun auch gehörst – zumindest übergangsweise.

Kleine Anstrengungen in Kauf nehmen

Du findest sicherlich noch Kostenpunkte, die du durch kleine Unannehmlichkeiten deutlich reduzieren kannst. Hier einige Beispiele: Mach dir in der Früh ein Pausenbrot, das du zur Uni mitnimmst, so musst du nicht in der teuren Kantine essen gehen. Fahr mit dem Rad zur Uni, anstatt immer den Bus zu nehmen und Fahrkarten zu kaufen. Geh lieber joggen, statt regelmäßig das kostspielige Fitnessstudio zu besuchen.

Große Kostenblöcke reduzieren

Zuletzt, als längerfristiges Ziel, kannst du versuchen, die großen Kosten zu minimieren. Wirf einen Blick auf deine Liste – was verschlingt am meisten? Einen Hauptanteil deiner Ausgaben nimmt wahrscheinlich die Miete ein. Kannst du dir vorstellen, in eine billigere Wohnung zu ziehen, die vielleicht kleiner ist oder weiter von der Uni entfernt liegt? Die Anschaffung oder Erhaltung eines Autos solltest du ganz genau überdenken, wenn du nicht viel Geld hast. Auch Urlaub ist immer eine kostenintensive Angelegenheit. Muss es wirklich die Woche im Club sein, oder macht vielleicht Camping am See mit den besten Freunden genauso viel oder sogar mehr Spaß?

Verzichten lernen
Als letzte Möglichkeit, Geld zu sparen, sei noch das Verzichten erwähnt. Spießig, bieder, blöd? Ansichtssache. Manche bezeichnen es auch als konsumkritisch, nonkonformistisch und selbstsicher, sich vor jedem Einkauf folgende Fragen zu stellen: Brauche ich das wirklich? Und wenn du verneinen musstest: Will ich das wirklich? Du wirst sehen, dass du so immer wieder Ausgaben verkleinern und dich anschließend auch noch freuen kannst, der Konsummaschinerie des Kapitalismus einmal weniger auf den Leim gegangen zu sein. Okay. Das ist vielleicht alles ein bisschen weit hergeholt. Aber es geht auch weniger ideell: Du hast ein Ziel, du träumst von irgendetwas, du wolltest zum Beispiel schon immer eine tolle Stereoanlage kaufen, kannst sie dir aber noch nicht leisten. Da wird es dir, wenn du dieses langfristige Ziel fest vor Augen hast, nicht schwerfallen, immer wieder auf die eine oder andere Kleinigkeit zu verzichten. Im Gegenteil – es wird dich freuen, da du ja weißt, dass es dich deinem Traum ein Stückchen näher bringt ...

Exkurs: Ein Bankkonto eröffnen

Ziehst du von zu Hause aus und siehst du deine Eltern nicht mehr regelmäßig, ist es sinnvoll, wenn sie dir den Betrag, mit dem sie dich finanziell unterstützen, auf ein Konto überweisen. Dazu brauchst du jedoch erst einmal eines. Erkundige dich bei den Banken in deiner Umgebung, was sie dir zu bieten haben. Gerade die großen und international bekannten Institute bieten für Studenten gute Konditionen. Sie sind ja auch die zahlenden Kunden von morgen. Nütz das aus und such dir das beste Angebot heraus – ein Konto mit kostenloser Kontoführung und einer VISA-Karte ist meist das Minimum. Manche Banken bieten auch Bonuspunktesysteme und andere Aktionen an. Nimm dir ein bis zwei Tage Zeit und lass dich beraten. Hast du dich für ein Institut entschieden, sei nicht zu vorschnell mit der Vertragsunterzeichnung. Lass dir den Vertrag zuerst genau erklären und lies ihn selbst zu Hause noch einmal in Ruhe durch. So kannst du spätere Überraschungen vermeiden. Sollte es nicht bereits so geregelt sein, lass dir den Überziehungsrahmen sperren, denn dann kann es nicht passieren, dass du mehr Geld ausgibst als du hast und du exorbitante Zinsen dafür zahlen musst. Irgendwo holen die Banken ihr Geld natürlich wieder rein – aber nicht bei dir! Sehr umsichtig solltest du mit deiner VISA-Karte umgehen, falls du eine bekommst. Durch das bargeldlose Zahlen verlierst du leicht das Gespür für Dimensionen. Überprüfe auch IMMER die monatliche Abrechnung, vor allem, wenn du viel über das Internet einkaufst. Gerade dort kommt es immer wieder zu Betrug und Diebstahl.

Das Beste zum Schluss: Fazit

Selten muss der Gürtel so eng geschnallt werden, wie während des Studiums. Umso wichtiger ist es, immer einen Überblick über die eigenen Finanzen zu haben und diese unter Kontrolle zu bringen. Um die leeren Kassen zu füllen, gibt es neben dem Studium viele Möglichkeiten, die sich individuell an den Stundenplan anpassen lassen. Und: Arbeiten während des Studiums macht sich auch im Lebenslauf gut – es lohnt sich also doppelt und kann eine angenehme Abwechslung zum Lernen sein!

VII. Die hohe Kunst, das Studium und sich selbst zu managen

Völlig verschlafen wachte Mona neben Vinci auf. Am Abend zuvor war es richtig spät geworden. Mona griff nach dem Wecker. Vor Schreck saß sie gleich aufrecht im Bett: Sie hatte verschlafen. Eigentlich sollte sie schon seit einer halben Stunde im Hörsaal sitzen. Diese Woche war das schon die dritte Vorlesung, die sie verpasste. Aber ihr Kopf platzte beinahe vor lauter Terminen, die sie in nächster Zeit alle einhalten sollte. Manche ihrer Aufgaben waren superwichtig, die durfte sie auf keinen Fall vergessen, und andere konnten getrost noch etwas aufgeschoben werden. Mona hatte komplett den Überblick verloren. Nur eins war klar: So konnte es nicht weitergehen. Irgendwas musste sich ändern. Aber was? Als sie am Abend in ihrem Zimmer saß und die leere Wand anstarrte, von der sie noch immer nicht wusste, was sie mit ihr anfangen sollte, kam Mona eine Idee: Sie könnte ihre Termine einfach auf farbige Post-it-Zettel schreiben. Sie nahm sich vor, gleich am nächsten Tag verschiedenfarbige Post-its zu kaufen. Rot für dringend, Gelb für »demnächst« und Grün für »hat noch viel Zeit«.

Studenten stehen allgemein im Verdacht, eine sehr ruhige Kugel zu schieben: Der typische Student, so heißt es, schläft lange, geht zur Uni, um dort seine wenigen Vorlesungen abzusitzen, und verbringt die restliche Zeit damit, Partys zu feiern. In Wirklichkeit sieht der Alltag eines

Studenten jedoch ein bisschen anders aus. Natürlich gibt es die berüchtigten Studentenpartys, auf denen so richtig die Sau rausgelassen wird. Auf der anderen Seite kennen aber auch Studenten Zeiten – wie zum Beispiel in der Lernphase vor Prüfungen – , in denen man nicht mehr weiß, wo einem der Kopf steht, weil man so viel zu tun hat. Denn wie in jedem Job wird es auch im Leben eines Studenten immer wieder richtig stressig.

Als Studienanfänger muss man plötzlich viele Dinge, um die sich früher andere gekümmert haben, selbst erledigen. Vielleicht kennst du das auch: In der Küche liegen noch die Überreste der letzten Kochorgie, im Bad sammeln sich die Haare auf dem Boden, der Kühlschrank ist auch schon wieder erschreckend leer und gleich bist du auf die Geburtstagsparty eines Freundes eingeladen.

Da vergisst man schon mal, dass man nebenbei eigentlich auch noch studieren sollte. Gute Zeitplanung tut also not.

Am Ende ihres Studiums sind viele Studenten wahre Meister darin, ihre Zeit effektiv zu nutzen. Doch der Weg dorthin ist meist lang und steinig – das muss er aber nicht sein. Wir wollen dir in diesem Kapitel einige Möglichkeiten aufzeigen, wie du Stresssituationen im Studium leichter überstehen kannst und wie du am Anfang trotz der vielen Arbeit einen klaren Kopf behältst.

Nachgefragt: Die Meinung des Experten

Herr Prof. Dr. Seiwert, wie wichtig ist es für Studenten, ein Lebensziel zu haben?
Mit einem Ziel oder einer Vision fällt es leichter, sich zu motivieren und man kann ungeheure Kräfte freisetzen. Falls es nicht ganz klar ist, was die Vision für das eigene Leben ist, hilft es, mal richtig abzuschalten, sich Zeit zu nehmen und in aller Ruhe zu überlegen, was Glück für einen bedeutet: Ist es ein interessanter Job, eine harmonische Partnerschaft oder vielleicht eine große Familie?

Nachgefragt: Die Meinung des Experten

Was halten Sie von Karriereplänen?
Ich halte es nur bedingt für sinnvoll, eine Karriere zu planen. Es ist gut einen Berufswunsch zu haben und daraus können sich auch Ziele ergeben, die man erreichen möchte. Jedoch engen Karrierepläne meistens ein, da man sich zu sehr auf das Erreichen der nächsten Karrierestufe konzentriert. Man versäumt dabei, auf Möglichkeiten zu achten, die sich unerwartet auftun. Jede gute Strategie sollte es aber erlauben, rasch auf Veränderungen zu reagieren. Außerdem kann es sein, dass die bisherigen Ziele irgendwann bedeutungslos werden. Dann muss man sich von ihnen trennen können.

Pläne zu erstellen und seinen Alltag organisieren zu wollen ist ein guter Vorsatz, doch wie besiegt man den inneren Schweinehund, um diese Pläne auch wirklich einzuhalten?
Aktion bewirkt Motivation, deshalb ist es wichtig, einfach einmal anzufangen. Viele nehmen sich anfangs aber zu viel vor: Sie wollen alles sofort erreichen. Oft hilft es, das Ganze spielerisch anzugehen, z.B. könnte man damit anfangen, nur die Texte unter den Bildern zu lesen, statt sich durch die ganze Lektion zu quälen. Und wenn alles nicht hilft, dann gönnt man sich einfach mal eine kleine Auszeit – da ist es o.k., einfach mal nichts zu tun. Und danach fällt alles wieder leichter.

Prof. Dr. Lothar Seiwert ist Europas führender und bekanntester Experte für das neue Zeit- und Lebensmanagement. Mit mehr als zehn Awards ist er der am häufigsten ausgezeichnete Bestseller-Autor und Keynote-Speaker. Über vier Millionen verkaufte Bücher in mehr als 30 Sprachen und fast eine halbe Million Besucher seiner Seminare und Vorträge in Europa, Asien und den USA, haben ihn zum »Zeitmanagement-Guru« *(Manager Magazin)* und Top-Ten-Vortragsredner im deutschsprachigen Raum gemacht. Prof. Dr. Lothar Seiwert leitet die Heidelberger *Seiwert Keynote-Speaker GmbH*, die sich auf Time-Management, Life-Leadership® und Work-Life-Balance spezialisiert hat.
www.seiwert.de

Von Durchplanern und Chaoten

Unter Studenten gibt es grundsätzlich vier verschiedene »Planungstypen«. In den seltensten Fällen tritt ein Planungstyp in seiner reinen Form auf, denn Menschen reagieren in verschiedenen Situationen unterschiedlich und vereinen oft die Eigenschaften mehrerer Typen in sich.

Welcher Planungstyp bist du? Organisierst du alles perfekt oder liebst du das Chaos und lässt dich täglich neu von dem überraschen, was der Tag so bringt? Mit dem folgenden Test kannst du dein persönliches Planungsprofil erstellen und ein bisschen mehr über dich selbst lernen, denn Einsicht ist ja bekanntlich der erste Schritt zur Besserung. Kreuze an, ob du die folgenden Aussagen *am ehesten* bejahen oder verneinen würdest:

Abschnitt 1:   Ja   Nein

- Du liebst Sicherheit. Das merkt man auch in deiner Terminplanung. Je früher ein Termin bekannt ist, desto besser. ☒ ☐
- Termine sind dazu da, um eingehalten zu werden. Unpünktlichkeit verzeihst du deinen Mitmenschen genauso wenig wie dir selbst. ☒ ☐
- Du kannst nicht verstehen, wie jemand ohne Terminkalender klarkommen kann. ☒ ☐
- Du hast klare Ziele, auf die du konsequent hinarbeitest, und nichts kann dich von ihnen abbringen. ☐ ☒
- Aufgaben erledigst du stets sehr gewissenhaft und rechtzeitig. ☒ ☐

Abschnitt 2:   Ja   Nein

- Spontanität ist das Salz in der Suppe deines Lebens. Ohne sie wäre das Ganze eine fade, langweilige Angelegenheit. ☒ ☐
- Sobald sich neue Möglichkeiten ergeben, zögerst du nicht, deine Pläne zu ändern und sie wahrzunehmen. ☒ ☐
- Aufgaben, zu denen du keine Lust hast, verschiebst du schon mal ganz gerne, oder du machst sie einfach gar nicht. ☐ ☒
- Du hast Ziele für deine Zukunft, bist aber flexibel, was den Weg dorthin betrifft. Ein fixer Karriereplan ist nichts für dich. ☒ ☐
- Du bist schnell für neue Aufgaben zu begeistern und machst voller Eifer mit. ☒ ☐

Abschnitt 3:

- Abgabetermine und Klausuren in ferner Zukunft machen dich nicht heiß. ☐ ☒
- Je näher der Abgabetermin rückt, desto motivierter wirst du, und du entwickelst einen Arbeitseifer, der selbst deine Freunde erstaunt. ☐ ☒
- Es gibt wichtigere Dinge als sich gewissenhaft auf eine Vorlesung vorzubereiten, z. B. die Shoppingtour mit deiner besten Freundin oder der Fußballabend mit den Kumpels. ☐ ☒
- Bei Alltagsaufgaben neigst du zu Aufschieberitis: »Das kann ich doch auch noch morgen machen.« ☐ ☐
- Eigentlich wärst du sehr fleißig, aber dein innerer Schweinehund verhindert das. ☒ ☐

Abschnitt 4:

- Du weißt noch nicht, was die Zukunft so für dich bereithält? Macht nichts – kommt Zeit, kommt Rat. Unsicherheit stört dich nicht. ☐ ☒
- Du kommst regelmäßig zu spät oder verschläfst Termine gleich ganz. ☐ ☒
- Pläne sind nichts für dich, denn sie engen dich in deiner Freiheit zu sehr ein. ☐ ☒
- Im Chaos fühlst du dich pudelwohl, erst dann wirst du so richtig kreativ. ☒ ☐
- Du liebst es, mehrere Projekte gleichzeitig zu bearbeiten, und kommst deshalb bei der Bearbeitung von Aufgaben häufig in Zeitnot. ☐ ☒

Nun zähle, wie viele Aussagen du in den einzelnen Test-Abschnitten mit Ja beantwortet hast und trag die Anzahl in die folgende Tabelle ein. Daraus ergibt sich dein persönliches »Planungstypenprofil«. Je mehr Antworten du pro Abschnitt bejaht hast, desto eher entsprichst du dem jeweiligen Typ. Hast du ein wenig von jedem Typ in dir oder tendierst du klar in eine Richtung?

	1	2	3	4	5	
Abschnitt 1				✗		Typ 1
Abschnitt 2				✗	✗	Typ 2
Abschnitt 3	✗					Typ 3
Abschnitt 4	✗					Typ 4

Typ 1: Der Durchplaner
Du erstellst dir stets einen genauen Plan und listest auf, welche Aufgaben wann zu erledigen sind. Deshalb überlegst du dir auch schon Wo-

chen und Monate im Voraus, welche Herausforderungen auf dich zukommen werden und versuchst, den zeitlichen Aufwand dafür einzuschätzen. Und wenn du den Plan einmal schriftlich fixiert hast, hältst du ihn auch eisern ein. Deine Zeit ist penibel verplant – hoffentlich hast du auch Termine für Unternehmungen mit deinen Freunden eingerechnet.

Typ 2: Der Planmacher-und-sich-nicht-dran-Halter
Tja, die Bezeichnung sagt schon alles. Du überlegst dir genau, bis wann du was zu erledigen hast, entwirfst einen Plan, schreibst ihn vielleicht sogar auf und – hältst dich nicht daran. Spontan schiebst du neue Aufgaben dazwischen und lässt manche ganz aus. Diese Flexibilität ermöglicht es dir, neue Alternativen, die sich kurzfristig ergeben, wahrzunehmen. Manchmal wird allerdings auch dein innerer Schweinehund zu mächtig, und du verwirfst jeden noch so schönen Plan, einfach, weil du keine Lust hast, ihn einzuhalten.

Typ 3: Der »Ich kann nur unter Druck«-Typ
Kennst du das auch? Die Klausur ist noch in weiter Ferne und der Abgabetermin für die Seminararbeit ebenfalls. Wieso also Panik verbreiten? Lieber auf dem Sofa lümmeln oder mit Freunden einen Kaffee schlürfen. In der Schule warst du immer der Typ, der erst in der Nacht vor einer Arbeit zu pauken anfing. Du kommst erst richtig in die Gänge, wenn dir nach objektiven Maßstäben nicht mehr genug Zeit bleibt, um die Aufgabe zu erledigen. Dann aber läufst du zur Höchstform auf. Nachtschichten sind dann plötzlich kein Problem mehr – du entwickelst dich zum Arbeitstier und schließt dich in deinem Zimmer ein. So lange, bis die Klausuren vorbei sind und wieder Ruhe einkehrt …

Typ 4: Der Chaot
Dein Lieblingswort ist »kreatives Chaos«. Du brauchst es, um dich wohlzufühlen. Nur wenn dein Schreibtisch überquillt und nichts mehr zu finden ist, wirst du von der Muse geküsst. Du arbeitest gern auf mehreren Baustellen gleichzeitig, und »kreativ« ist auch deine Zeitplanung: Pünktlichkeit ist ein

Fremdwort für dich. Du verstehst nicht, warum sich jemand aufregt, wenn du eine halbe Stunde zu spät zu einem Termin erscheinst. In manchen Ländern gehört das schließlich sogar zum guten Ton.

Nachdem du nun dein persönliches Planungstypenprofil erstellt und somit etwas mehr über dich erfahren hast, möchten wir dir einige Tipps an die Hand geben, wie sich die Schwachpunkte der jeweiligen Planungstypen ausmerzen lassen.

Work-Life-Balance

Besonders Durchplaner sind von einer unausgeglichenen Work-Life-Balance betroffen: Sie verplanen ihre Zeit so gründlich, dass nur noch wenig Freizeit übrig bleibt. Doch sich seinen Hobbys zu widmen und mit Freunden etwas zu unternehmen, ist keine verplemperte Zeit. Im Gegenteil! Solche Auszeiten sind wichtig, um die eigenen Batterien wieder aufzuladen. Denn wer sich einen Ausgleich gönnt, ist auch in stressigen Zeiten voll einsatzfähig. Manche Studenten – dazu gehören besonders Typ 2 und 4 – halsen sich neben ihrem Studium zu viele Verpflichtungen gleichzeitig auf. Sie sind im Studentenparlament, in Vereinen, haben einen Nebenjob, und der/die Partner/in möchte natürlich auch noch etwas Aufmerksamkeit. Jede dieser Rollen verlangt persönlichen Einsatz und viel Energie. Während man am Anfang voller Tatendrang diese Herausforderungen in Angriff nimmt, merkt man oft sehr schnell, dass man sich übernommen hat. Wenn es dir auch so geht, solltest du die hohen Ansprüche, die du an dich selbst gestellt hast, herunterschrauben, da du ihnen nicht gerecht werden kannst. Um dir bewusst zu werden, welchen Aufwand jede Herausforderung bedeutet, bietet sich folgende Übung an: Schreibe alle deine Rollen auf und überlege dir, was du selbst von dir erwartest, um diese Aufgaben richtig zu erfüllen. Im nächsten Schritt denkst du darüber nach, welche Erwartungen die anderen an dich stellen. Wenn du das alles schriftlich vor dir siehst, fällt es leichter abzuwägen, welche

Rollen für dich sehr wichtig sind. Wo steckt besonders viel Herzblut drin und welche Aufgaben könntest du eventuell auch abgeben?

Pläne einhalten

Flexibilität ist wichtig, denn zu starre Pläne erlauben es nicht, spontan auf neue Herausforderungen zu reagieren. Doch besonders »Planmacher-und-sich-nicht-dran-Halter« neigen dazu, wichtige Aufgaben immer wieder zu unterbrechen und sich stattdessen unwichtigen Dingen zu widmen. Am Ende des Tages ärgern sie sich dann, dass die Punkte auf ihrer Liste, die sie eigentlich abarbeiten wollten, nicht erledigt sind, obwohl sie die ganze Zeit gearbeitet haben. Damit das nicht passiert, solltest du dir angewöhnen, dir Zwischenziele zu setzen, die du erreichen möchtest, bevor du wieder etwas anderes machst oder dir eine Pause gönnst. Dadurch wird es mit der Zeit für dich ganz normal, in Arbeitsschritten zu denken und dich so Schritt für Schritt durch deine Aufgabenliste zu ackern. Denn zweimal dieselbe Aufgabe zu beginnen, bedeutet, immer wieder von vorne anzufangen und sich wieder neu einarbeiten zu müssen. Sollte das »Schritte-Programm« in hartnäckigen Fällen nicht zum gewünschten Erfolg führen, dann hilft nur noch die Hammermethode: Schreibe alle 15 Minuten auf, was du gerade tust und warum du es machst. Das wird dich zum einen davon abhalten, deine Zeit mit unnützen Dingen zu vertrödeln, da du dir immer wieder vor Augen führen musst, wie sinnvoll die aktuelle Aufgabe gerade ist. Das aktiviert dein schlechtes Gewissen – und dieses ist oft ein guter Antrieb, eine Aufgabe endlich zu erledigen. Zum anderen siehst du am Ende des Tages, wie viel Zeit du für welche Aktivitäten verbraucht hast. Haben die wichtigsten Aufgaben wirklich auch die meiste Zeit in Anspruch genommen oder hast du dich mit unwichtigen Dingen aufgehalten?

Motivationstraining für jedermann

Eigentlich solltest du schon längst mit der Recherche für die Geschichtshausarbeit angefangen haben, doch dein innerer Schweinehund hält dich davon ab. Vor allem »Ich kann nur unter Druck«-Typen kennen dieses Problem. Dabei ist es uns doch eigentlich allen klar: Je früher man anfängt, eine Aufgabe zu bearbeiten, desto stressfreier wird das Ganze. So weit die Theorie – doch wie motiviert man sich? Es hilft alles nichts. Am Anfang steht immer die Selbstüberwindung. Damit es dir aber nicht so schwer fällt, etwas in Angriff zu nehmen, gibt es einige Tricks: Erstelle einen Tagesplan, der alle Aufgaben des Tages auflistet (siehe auch Kapitel *Tagesplanung und Zeitmanagement*). Teile große Aufgaben in kleinere Teilaufgaben auf. Versuche, eine Aufgabe wirklich zu Ende zu bringen, bevor du dir eine Pause gönnst. Sobald du eine Aufgabe fertig hast, streich sie auf deiner Liste durch, denn das verschafft Befriedigung. Je mehr Dinge du durchstreichen kannst, desto zufriedener bist du mit dir selbst, denn du bist drauf und dran, das Tagespensum zu erfüllen. Solche kleinen Erfolgserlebnisse sind sinnvoll, denn sie sorgen auch für mehr Motivation bei der Arbeit.

Und wenn der innere Faulpelz mal wieder ganz hinterlistig ist, hilft es, sich selbst Druck zu machen: Überlege dir, welche negativen Folgen es für dich haben wird, falls du die Aufgabe nicht oder nur schlecht erledigst. Oder – wenn du ein positiver Mensch bist – denk an die Glücksgefühle, die du haben wirst, wenn du es gut gemacht hast.

Ordnung ist das halbe Leben, Chaos das andere

Viele Studenten führen als Entschuldigung für ihren überhäuften Schreibtisch oft die inspirierende Wirkung von Chaos an. Fest steht, dass die persönliche Ordnung (bzw. das persönliche Chaos) immer auch Ausdruck der Gefühlswelt und der »inneren Organisation« einer Person ist. Die meisten Kreativen halten die Balance zwischen Ordnung und Spieltrieb. Beides ist nötig, um »chaotische Kreativität« in geordnete, produktive Bahnen umzulenken. Organisation ist also auch für angehende Picassos unverzichtbar, und ihr wichtigster Grundsatz heißt: Alles, was nicht mehr gebraucht wird, kommt weg! Die verbliebenen Dinge wollen geordnet werden. Dabei gilt: Jedes Ding hat seinen festen Platz. Kommen neue Gegenstände (z. B. Seminarunterlagen) dazu, dann leg sie konsequent dort ab, wo die bisherigen auch schon gehortet werden. Es gibt viele Möglichkeiten, die Unterlagen für die Uni aufzubewahren (Ordner, Fächer, Schubladen etc.). Mach dir am besten gleich zu Beginn deines Studiums darüber Gedanken, welches Ordnungssystem das richtige für dich ist. Denn dann ist es noch leicht, eines einzuführen. Spätere Ordnungsversuche scheitern oft an der eigenen Faulheit, da sich schon so viele Dinge angesammelt haben und es einer Herkulesaufgabe gleichkommt, sie alle zu ordnen. Organisieren bedeutet nicht, das Zimmer einmalig aufzuräumen, damit dann wieder Platz für Müll ist – vielmehr ist damit ein ständiges und sofortiges Beseitigen von »Brennpunkten« gemeint.

Auch dein Zeitmanagement profitiert von ein bisschen Organisation. Versuche, konsequent einen Terminplaner zu führen und ihn auch immer gut sichtbar auf dem Schreibtisch zu positionieren. So wirst du nicht mehr so leicht einen wichtigen Termin versäumen.

Ziel: Unbekannt

Ohne Ziel weiß man nicht, wohin man rennen soll. So banal dieser Satz klingt – es gibt viele Studenten, die darüber noch nie wirklich nachgedacht haben. Sie beginnen ihr Studium, ohne genau zu wissen, ob der Studiengang wirklich der richtige für sie ist, und manche wechseln nach ein paar Semestern, um etwas komplett anderes zu studieren. Dieser Abschnitt soll nicht erklären, wie man den richtigen Studiengang für sich findet. Vielmehr wollen wir dir ein paar Tipps an die Hand geben, wie du über deine Ziele für die Zukunft reflektieren kannst.

Wünsche und Träume helfen, auf sie hinzuarbeiten, aber sie haben noch eine andere, wichtigere Aufgabe: Sie halten die Motivation aufrecht und sind hilfreich, wenn es darum geht, effizient zu arbeiten. Ohne Träume besteht für jeden Studenten die Gefahr, sich in seinem Studium zu verlieren. Man schreibt Klausuren und Seminararbeiten, weil sie nun mal geschrieben werden müssen, und lebt von Semester zu Semester. Den eigentlichen Sinn des Studiums hat man dann plötzlich nicht mehr vor Augen. Irgendwann wird man sich fragen: »Warum mache ich das hier eigentlich?« Es spielt keine Rolle, wie spannend das Studium zu Beginn war und wie sehr man sich auch engagiert hat – spätestens dann ist die Motivation weg.

Die Ist-Situation
Um zu bestimmen, wohin es gehen soll, überleg dir zuerst, wo du stehst und wie dein Leben im Moment gerade aussieht: Was ist dir besonders wichtig? Welche Schwierigkeiten hast du? Wer sind wichtige Personen in deinem Leben? Welche Rollen nimmst du ein? Was macht dir Spaß? Denk außerdem einmal über deine Stärken und Schwächen nach: Überleg dir, was du besonders gut kannst und was dir schwerfällt. Was würden andere als deine Stärken und Schwächen bezeichnen? Frag am besten gleich mal deine Freunde und Familie.

Die Soll-Situation
Nachdem du so die Ist-Situation bestimmt hast, solltest du dir auch überlegen, wie deine Zukunft aussehen soll. Wo möchtest du sein? Welche Fähigkeiten und Stärken möchtest du entwickeln? An welchen Schwächen möchtest du arbeiten? Welche Dinge möchtest du beruflich erreichen? Eine Möglichkeit, das herauszufinden ist, den eigenen Wunschlebenslauf zu entwerfen. Welche außeruniversitären Aktivitäten möchtest du unbedingt machen? Welche Sprachen möchtest du lernen? Welche Praktika möchtest du absolvieren und welche Auslandserfahrungen möchtest du sammeln? Mit Lebenszielen sind sowohl Berufswünsche als auch persönliche Träume gemeint. Das kann zum Beispiel der Wunsch

sein, eine zehnköpfige Familie zu haben. Oder vielleicht möchtest du nach Madagaskar auswandern? Was sind deine Ziele bezüglich Beziehung, Freunden, Hobbys etc.? Was möchtest du gesundheitlich erreichen (mehr Sport, gesündere Ernährung, ...)? Langer Rede kurzer Sinn: Mach dir Gedanken darüber, wo du dich in Zukunft siehst und was du unbedingt machen willst. Es empfiehlt sich, diesen ganzen Analyseprozess schriftlich zu verfassen, um ihn vor Augen zu haben – z. B. könntest du ihn dir auf einem Plakat in deine Studentenbude hängen. Dies ist nun also deine persönliche Strategie: Ausgehend von der Ist-Situation überlegst du dir, welche Schritte und Maßnahmen notwendig sind, um die Wunschzustände in der Zukunft zu erreichen. So hast du sie ständig präsent und wirst immer wieder neu motiviert, darauf hinzuarbeiten. Im Lauf der Zeit verändern sich die persönlichen Ziele natürlich. Deshalb ist es wichtig, sie immer wieder zu überdenken und eventuell die »Strategie« anzupassen.

Aber versteh uns nicht falsch – wir meinen damit nicht, dass du einen detaillierten Karriereplan entwerfen sollst, mit Vorgaben, bis wann du welche Karrierestufen erreicht haben musst, damit du CEO einer Großbank wirst. Berufsberater halten von solchen Plänen nichts. Sie verhindern, dass man Möglichkeiten wahrnimmt, die sich anderweitig ergeben, weil man zu sehr auf seinen Plan fixiert ist. Und letztendlich lässt sich sowieso nicht alles planen.

Um herauszufinden, ob dein Traumjob auch wirklich zu dir passt, bieten sich Praktika in der entsprechenden Branche an. Dabei lernst du die Tätigkeiten deines zukünftigen Berufs kennen, gewinnst Einsicht in den Arbeitsalltag und weißt danach mehr über den vermeintlichen Traumberuf. Du knüpfst durch ein Praktikum auch Kontakte mit Menschen aus der Branche, die dir später vielleicht bei der Jobsuche weiterhelfen können. Und als kleiner Nebeneffekt machen sich Praktika auch gut im Lebenslauf. Wenn man das Glück hat, während des Studiums einen studentischen Hilfsjob bei seinem zukünftigen Wunscharbeitsgeber ergattert zu haben, bietet auch das eine Möglichkeit, schon einmal in die künftige Arbeitsumgebung hineinzuschnuppern.

Das Studium ist dazu da, seine Berufung zu finden. Darum ist es auch nicht schlimm, zuerst ein paar Semester in einem Studiengang zu absolvieren und es sich dann doch anders zu überlegen. Die bis dahin absolvierten Semester sind nicht umsonst, sondern bereichern vielmehr die eigene Persönlichkeit. Sie helfen einem zu verstehen, wo man wirklich hingehört.

Wie man ein Semester organisiert

Deine Lebensziele stehen schon mal fest, doch mit ihnen allein kommst du nicht durch ein Semester. Du weißt zwar, wo du am Ende des Studiums sein möchtest, doch wie du dieses Ziel erreichst, bleibt weiter unklar. Deshalb hier einige Punkte, die du vor, während und nach dem Semester beachten solltest.

Vor dem Semester

Überleg dir schon vor Semesteranfang, welche Kurse du belegen möchtest. Ob du Kurse wählen kannst und musst, hängt stark vom Studiengang und der Universität ab, an der du studierst. Es gibt Studiengänge, die sehr stark »verschult« sind, das bedeutet, dass die zu belegenden Kurse schon fix vorgegeben sind. Die Studenten können höchstens entscheiden, in welchem Semester sie welche Prüfung ablegen wollen. Manche Studiengänge dagegen schreiben lediglich einige Pflichtkurse vor, und die Studenten können zusätzlich dazu aus einem mehr oder weniger großen Repertoire an Ergänzungskursen die richtigen für sie auswählen. Die Kurswahl findet meist noch im alten Semester oder in den Semesterferien, in der Regel aber vor Semesteranfang, statt. Dabei unterscheiden sich die Wahlsysteme der Unis und sogar der einzelnen Fakultäten stark, und an einigen läuft der Wahlvorgang recht chaotisch ab. Anscheinend gibt es Unis, die ihre Kurse um Mitternacht zur Wahl freischalten und die Studenten müssen zu dieser späten Stunde vor den PCs sitzen und fieberhaft versuchen, die Ersten zu sein, die die Kurse belegen. Dieser nächtliche Ansturm führt dann immer wieder zu Serverabstürzen und Ähnlichem. Wohl dem, der eine schnelle Internetverbindung hat.

Keine Angst, dieses Beispiel ist hoffentlich nur eine Ausnahme, aber wie auch immer das Wahlsystem an deiner Uni aussehen wird – auf jeden Fall ist es wichtig, dass du dich frühzeitig über die Fristen und Bedingungen für die Anmeldung informierst. Es macht mit Sicherheit Sinn, sich mit dem Wahlsystem als solchem zu beschäftigen. Kurse zu wählen, bedeutet immer auch taktisch vorzugehen, denn dabei werden Studenten oft vor weitreichende Entscheidungen gestellt: Eigentlich interessierst du dich sowohl für den Kurs »Geschichte der Piraterie«, als auch für »Von Festen und Fasten – Essen & Trinken im Mittelalter«, doch sie überschneiden sich. Die Vorlesungen finden gleichzeitig statt oder die Prüfungstermine lassen sich nicht vereinbaren. Da heißt es nun abwägen. Kannst du einen der beiden Kurse noch im nächsten Semester machen? Wie groß ist der Aufwand für jeden Kurs, und welche Kurse werden von der Prüfungsordnung zwingend vorgeschrieben? Die Prüfungsordnung sollte allerdings nicht das ultimative Entscheidungskriterium sein, denn um sich selbst in seinem Studium verwirklichen zu können, sollte man auch Kurse wählen, die einem wirklich gefallen – egal, wie viele Credits sie bringen oder ob der Aufwand gemessen am Ertrag wirklich gerechtfertigt ist. Einer der Nachteile des »Bologna-Systems« mit seiner Einteilung in Bachelor- und Master-Abschlüsse ist, dass viele Studenten nur noch auf die Credits achten, die ein Kurs wert ist. Sie versuchen möglichst schnell möglichst viele Credits zu bekommen – mit möglichst geringem Aufwand. Das ist natürlich verständlich, aber trotzdem stellt sich die Frage, ob man auf diese Weise optimal vom Studium profitiert.

Während des Semesters

In der Regel sind die ersten Semesterwochen noch relativ easy. Man ist vor allem damit beschäftigt, sich in seiner neuen Umgebung zurechtzufinden, neue Freunde kennenzulernen und überhaupt erst mal herauszufinden, wie der Unibetrieb denn funktioniert. Partys finden statt, und ehe man sich versieht, sind die ersten paar Wochen schon wieder um. In dieser Eingewöhnungsphase vergisst man leicht, sich darum zu kümmern, wann denn eigentlich die ersten Papers und Hausarbeiten fällig werden. Das erfährt man von seinen Professoren und Dozenten. Zwar gibt es Studenten, die diese Daten alle im Kopf behalten können und auch keinen wichtigen Termin vergessen, es ist jedoch trotzdem sehr empfehlenswert, die Termine in einen Kalender einzutragen und diesen dann gut sichtbar auf dem Schreibtisch oder über dem Bett zu platzieren. So banal dieser Tipp klingen mag, so wichtig ist er: Besonders der Planungstyp »Chaot« neigt dazu, Termine einfach mal zu »verschlampen«. Dabei ist das Studium sehr stark auf dem sogenannten Hol-Prinzip aufgebaut. Das bedeutet, dass sich der Student selbst um die Einhaltung von Terminen und um die eigenständige »Erschließung von Wissen« – wie es manche Studienordnung ausdrückt – kümmern muss. Der Vorteil dieses Systems ist, dass man sich sehr frei fühlt: Man kann selbst bestimmen, was man wann machen möchte und welche Prüfung man lieber noch ein Semester lang aufschiebt. Der Nachteil dieses Prinzips ist, dass es zum Nichtstun verleitet. Denn wenn ein Abgabetermin eigentlich noch in weiter Ferne liegt, neigt man dazu, die damit verbundene Arbeit erst einmal auf die lange Bank zu schieben und nichts zu tun. Dabei lässt sich aber nicht immer genau einschätzen, wie viel Zeit eine Arbeit in Anspruch nehmen wird. Einige Studenten (darunter auch einige der Autoren) haben in dieser Hinsicht schon böse Überraschungen erlebt, z. B. bei Hausarbeiten, die letztendlich aufwändiger waren als geplant und eine Minute vor Abgabeschluss nur halb fertig eingereicht werden mussten.

Besonders Erstsemester tun sich mit dem Hol-Prinzip schwer, denn in der Schule schrieben die Lehrer vor, bis wann welche Aufgaben erledigt werden mussten, und kontrollierten alles sehr genau. Die Universitäten, besonders die großen, sind dagegen in der Regel nur in geringem Maß verschult, und der Student ist weitgehend auf sich selbst gestellt. Für manche Erstsemester ist das eine Herausforderung, die sie gerne meistern. Ihnen gefällt es, diese neue Welt auszukundschaften und sich neu zu orientieren. Anderen fällt diese Umstellung nicht so leicht, und sie fühlen sich überfordert (siehe Kapitel *Die Schattenseiten des Studiums*).

Die Semestertermine nur in den Kalender zu schreiben, ist aber nicht genug. Damit du letztlich nicht doch in Stress gerätst, hilft es, wenn du dir schon früh überlegst, wie viel Zeit du für die Hausarbeit oder die Vorbereitung auf die Prüfung einplanen musst. Gönn dir lieber etwas mehr Zeit, wenn du den Aufwand noch nicht so genau einschätzen kannst.

Du brauchst auch kein schlechtes Gewissen zu haben, wenn du während des Studiums deinen Hobbys nachgehst. Im Gegenteil! Vielen Arbeitgebern ist es wichtig zu sehen, dass Bewerber auch außeruniversitär aktiv waren. Das zeigt ihnen, dass der Student vielseitig interessiert ist und sich nicht nur auf sein Fachgebiet konzentriert, sondern Dinge im Zusammenhang betrachtet – davon profitieren nicht nur BWL-Studenten.

Nach dem Semester
Wenn das Semester vorbei ist, musst du dir nur noch über eins klar werden: Wohin möchte ich in den Ferien?

Tagesplanung und Zeitmanagement

Wenn es mal wieder so richtig stressig wird, verzweifeln manche Studenten, weil sie nicht wissen, wie sie alles bewältigen sollen. Dann ist es sinnvoll, sich zu überlegen, wie man seine Zeit effektiv nutzen kann. Eine hilfreiche Form des Zeitmanagements besteht darin, sich einen Tagesplan zu erstellen. Dabei überlegt man sich, welche Aufgaben man am nächsten Tag oder in den nächsten paar Tagen erledigen möchte bzw. muss. Dazu schätzt man für jede Aufgabe den ungefähren Zeitbedarf ein und schreibt anschließend einen Tagesplan. Doch Vorsicht! Viele Studenten neigen dazu, den Zeitaufwand für einzelne Aufgaben zu gering einzuschätzen und sich für einen Tag zu viel vorzunehmen. Das führt dazu, dass sie am Abend frustriert auf dem Sofa sitzen, mit dem flauen Gefühl im Magen, mal wieder nicht genug gearbeitet zu haben. Gib dir lieber etwas mehr Zeit für die einzelnen Aufgaben, dann kannst du am

Ende des Tages stolz von dir behaupten, das Tagesziel erreicht zu haben. So schiebst du auch nicht ständig einen Berg Arbeit vor dir her.

Wer keinen zeitgebundenen Tagesplan machen möchte, der vorschreibt, zu welcher Uhrzeit welche Aufgabe erledigt werden soll, der kann einen Plan erstellen, der nur die zu erledigenden Tagesaufgaben auflistet, egal, um welche Uhrzeit diese dann abgehakt werden. Der Vorteil einer flexibleren Tagesplanung ist, dass du nicht zuerst eine Aufgabe fertig machen musst, bevor du eine andere beginnst, sondern zwischen Aufgaben springen und andere vorziehen kannst. Für die Motivation ist es manchmal wichtig, flexibel zu sein und spontan zu entscheiden, was man gerne als Nächstes bearbeiten würde. Doch auch hier ist es wichtig, das Tagespensum richtig einzuschätzen und den Zeitaufwand zu planen.

Mit wenig viel erreichen – das 80:20-Prinzip

Die 80:20-Regel wurde von Vilfredo Pareto (1848-1923) aufgestellt und hat für viele Lebensbereiche Gültigkeit. Pareto erkannte, dass wenige Teile einer Gruppe einen Großteil ihres Wertes ausmachen. Mit 20 Prozent des Aufwands lassen sich 80 Prozent des Erfolgs erreichen. Bezogen auf das Zeitmanagement bedeutet das, zuerst die wichtigsten Aufgaben zu erledigen, denn damit hat man das Tagesziel schon weitgehend erreicht. Danach kann man sich um die vielen kleinen Dinge kümmern, die zwar Zeit beanspruchen, aber einen nicht wirklich weiterbringen. Um nicht von diesen Zeitfressern aufgehalten zu werden, ist es nützlich, Aufgaben gemäß ihrer Wichtigkeit und Dringlichkeit zu bewerten.

Dazu überlegt man sich als Erstes, welche Aufgaben wichtig sind und dringend erledigt werden müssen (A-Aufgaben). Diese sollten schnell abgearbeitet werden, langfristig geht es aber darum, solche Aufgaben möglichst durch eine geschickte Planung zu vermeiden. Aufgaben, die zwar wichtig sind, für die man aber noch Zeit hat (B-Aufgaben), werden oft hinausgeschoben. »Das kann ich auch noch morgen machen ...« Mit der Zeit werden solche Aufgaben aber zu A-Aufgaben und erfordern dann ein rasches Eingreifen. C-Aufgaben sind kleine Aufgaben, die zwar unwichtig, aber dennoch dringend sind. Beispielsweise fallen Unterstützungsaufgaben in diese Kategorie (Klopapier kaufen). D-Aufgaben, die nicht dringend und auch nicht wichtig sind, sollten gleich in den Papierkorb wandern. Es gibt allerdings in dieser Kategorie einige Dinge, die man zwar streng genommen nicht tun sollte, die aber Spaß machen und die eigenen Batterien wieder aufladen (z. B. eine Runde am PC zocken). Gerade wenn man arbeiten muss, um das Studium zu finanzieren, und einen engen Zeitplan hat, gilt es, unter A-/B-/C- und D-Aufgaben strikt zu unterscheiden und unnötige Aufgaben rigoros auszusortieren.

Und noch ein Tipp: Häng dieses Schema als Plakat an die Wand deines

	B-Aufgaben Strategisch planen, terminieren	A-Aufgaben Sofort selbst tun Feuerwehralarm!
Wichtigkeit ↑	D-Aufgaben Ab in den Papierkorb!	C-Aufgaben Reduzieren

Dringlichkeit →

Zimmers, schreib deine Aufgaben auf Post-it-Zettel und ordne sie als A-, B-, C- oder D-Aufgaben ein. Unter die D-Aufgaben kannst du den Papierkorb stellen, denn dort gehören sie schließlich auch hin!

Stressfreie Zeiten

Als Student steht man nicht immer unter Stress. Wie schon erwähnt, gibt es immer wieder Phasen, in denen man es ruhiger angehen lassen kann. Diese sollte man nutzen und genießen, um Energie für die nächste Prüfungsphase zu tanken. Und auch während der Stressphasen sollte man immer bewusst darauf achten, seine Leistungsgrenzen über längere Zeit nicht zu überschreiten.

Oft werden Studenten am Anfang ihres Studiums ins kalte Wasser geschmissen. Ohne weitere Informationen wird verlangt, dass sie innerhalb kurzer Zeit eine wissenschaftliche Hausarbeit zum Thema XY schreiben. Während der Studienanfänger aber noch darüber nachgrübelt, was denn genau eine wissenschaftliche Hausarbeit ist, setzt es der Professor als selbstverständlich voraus, dass man sich an im wissenschaftlichen Umfeld übliche Regeln hält und weiß, wie man richtig zitiert und Quellen angibt. Bei Nichtbeachtung gibt es Notenabzüge – oder sogar Disziplinarverfahren, wenn man Quellen ohne Angabe zitiert! Damit dir das nicht passiert gibt es Abhilfe: Bücher wie *Wissenschaftliche Arbeiten – Leitfaden für Haus- und Seminararbeiten* bereiten Studenten auf diese Thematik vor und haben schon manchem den Hals gerettet.

Das Beste zum Schluss: Fazit

Immer nur zu arbeiten, ist auf Dauer nicht erfüllend. Du brauchst einen Ausgleich. Hobbys und Aktivitäten mit Freunden helfen dir, neue Energie zu sammeln.

Tipps
- Versuche, die Pläne, die du gemacht hast, einzuhalten. Dabei ist es natürlich wichtig, dass du dir keine unerreichbaren Ziele steckst, denn das demotiviert dich letztendlich nur. Vielmehr gilt: Viele kleine Schritte führen zum Ziel.
- Wenn es dir schwerfällt, dich zu motivieren, dann erstelle einen Tagesplan, auf dem du alle Aufgaben, die du an diesem Tag bearbeiten möchtest, auflistest. Sobald du eine Aufgabe erledigt hast, kannst du sie durchstreichen, und siehe da, je mehr du durchstreichen kannst, desto stolzer bist du auf dich selbst.
- Ordnung ist wichtig! Überleg dir am Anfang deines Studiums, welches Ordnungssystem du einführen möchtest und halte dieses auch konsequent ein.
- Um wirklich effizient arbeiten zu können, brauchst du ein Ziel, auf das du hineifern kannst. Am besten stellst du dazu erst einmal fest, wo du gerade stehst, und entscheidest dann, wo du hin möchtest. Die Maßnahmen zur Erreichung deiner Ziele kannst du auf ein Plakat schreiben und in dein Zimmer hängen – so wirst du immer wieder daran erinnert.
- Damit du zwischen wichtigen und nicht so wichtigen Aufgaben differenzieren kannst, ist es hilfreich, ein ABC-System einzuführen. A-Aufgaben sollten sofort bearbeitet werden, D-Aufgaben kannst du getrost in den Papierkorb werfen.

VIII. Daran führt kein Weg vorbei: Lernen

Rectus abdodingsbums – gastro-eben-nicht-nomie – processus styloideus irgendwas ... Mona war am Verzweifeln! Die lateinischen Namen von Muskeln und Knochen wollten einfach nicht in ihren Kopf. Wutentbrannt schmetterte sie ihr Anatomiebuch auf den Tisch und übersah dabei die halbvolle Kaffeetasse. Der inzwischen kalt gewordene Kaffee verteilte sich überall auf ihren Büchern und Unterlagen – selbst der Boden blieb nicht verschont. Tränenüberströmt eilte Mona zum Putzschrank, holte Bodenwischer und Lappen und versuchte den Schaden in Grenzen zu halten. Da kam ihr eine Idee. Wie war das noch mal mit den Eselsbrücken? Begriffe mit einem Gegenstand verbinden und daraus eine Geschichte bilden? Also nahm Mona die columna vertebralis, wickelte den pelvis drumherum und säuberte so die pelma. Der beschmutzte tuberculum pubicum und den durchtränkten processus xiphoideus sterni nahm sie vom musculus rectus abdominis und legte sie auf den musculus pectoralis major zum Trocknen. Geht doch!

Jeder, der an einer Universität zu studieren beginnt, hat in der Regel mindestens zwölf Jahre Schule hinter sich. Die wenigsten Studienanfänger können jedoch behaupten, dass sie dadurch Meister im Lernen geworden sind. Nun gut, irgendwie muss es bis zum Schulabschluss wohl geklappt haben, denn sonst hätte man den Weg an die Universität nicht geschafft. Aber mal ehrlich – war es nicht vor jeder Prüfung immer wieder dasselbe? Vokabeln pauken, chemische Formeln auswendig lernen, historische Zusammenhänge zu verstehen versuchen ... und das alles kurz vor der Prüfung. Das Kurzzeitgedächtnis musste immer wieder herhalten und wurde mit allen möglichen Inhalten vollgestopft. Wenn man Glück hatte, purzelten die am Vorabend in letzter Minute gepaukten Vokabeln aufs Prüfungsblatt. Doch oft blieben die Informationen im Gedächtnis verschollen, und man saß vor einem weißen Blatt Papier, nicht fähig, auch nur ein Quäntchen von dem herauszuquetschen, was man vor Kurzem noch mit letzter Kraft ins Gehirn hineinzupressen versucht hatte. Manch einer mag sich im Verlauf seiner Schulkarriere schon hunderte Male geschworen haben, das nächste Mal früher mit dem Lernen zu beginnen, die ganze Sache strukturierter und ernsthafter anzugehen. Schließlich lernt man nicht für die Prüfung, sondern fürs Leben! Und auch das Lernen will gelernt sein. An der Uni ist vor allem eins gefordert: selbständiges und strukturiertes Lernen. Um dir den Lerneinstieg zu erleichtern, erhältst du auf den nächsten Seiten wichtige Tipps und Tricks. Auch für die »Auf-den-letzten-Drücker«-Typen ist was dabei.

Die verschiedenen Lerntypen

Wer sich an einer Universität umschaut, dem fällt schnell auf, dass es unter den Studenten verschiedene Lerntypen gibt. Da wären zum einen diejenigen, die immer top vorbereitet sind und alles schon im Voraus gelesen haben. Erkennbar sind sie an ihren Vorlesungsunterlagen, die bereits vor Beginn der Vorlesung deutlich mit Leuchtstiften markiert sind. Sie nutzen die Vorlesungspausen, um die Dozenten mit Fragen zu bombardieren.

Dann gibt es zum anderen die Studenten, die zwar regelmäßig in den Vorlesungen anzutreffen sind, die Zeit dort aber damit verbringen, ihr Gehirn mit Kreuzworträtseln oder Sudoku fit zu halten oder zwischenmenschliche Kontakte zu pflegen. Meist ist das der Typ Student, der nur unter Druck lernen kann. Je näher die Prüfungen rücken, desto schlechter wird sein Gewissen, noch nichts getan zu haben, und desto ruhiger und aufmerksamer wird er während der Vorlesungen. Wenn es dann in der vorletzten Veranstaltung vor der Prüfung merklich still geworden ist im Vorlesungssaal, gibt es nur noch einen Störenfried: den Blender. Er hält seine Kollegen vom aufmerksamen Zuhören ab, indem er ihnen erzählt, noch nichts, aber auch wirklich gar nichts gelesen zu haben und nicht zu wissen, worüber der Professor gerade spricht. In Wirklichkeit hat er aber bereits alles gelernt – er will nur nicht als uncooler Streber dastehen. Wenn du zu später Stunde in die Bibliothek eilst, um in letzter Minute ein Buch zurückzugeben, das du mit dem Vorsatz, dich ausgiebig mit dem Prüfungsstoff auseinanderzusetzen, ausgeliehen hast und für das dir nun – bevor du überhaupt die Gelegenheit hattest, es genauer zu studieren – schon die ersten Mahngebühren drohen, dann triffst du den Blender, der sich noch mit einem Stapel Zusatzlektüre für die Nacht ausrüstet. Er hat ja sonst schon alles durchgeackert ...

Schließlich gibt es dann noch den Typ Student, der keinem der soeben genannten Lerntypen zugeordnet werden kann, da er alles sein kann – Streber, »Ich-brauche-Zeitdruck-Typ« oder Blender. Was ihn jedoch auszeichnet, ist die Tatsache, dass er bereits während des Semesters, aber in sehr ausgeprägtem Sinn vor allem in den letzten Wochen vor der Prüfung, bei seinen Kommilitonen Panik verbreitet. Er behauptet, dass die Prüfung dieses Jahr besonders schwierig wird und deshalb die Pflichtlektüre besonders gründlich gelesen werden muss. Am besten, so sagt er, sollte man sich noch zusätzliche Literatur beschaffen, aber dies alles durchzuarbeiten, sei in Anbetracht der knappen Zeit sowieso nicht mehr möglich. Kurz, es handelt sich um den Panikmacher, der – bewusst oder unbewusst – Gerüchte in die (Universitäts-)Welt setzt und große Unsicherheit verbreitet. Am besten gehst du ihm nach Möglichkeit aus dem Weg oder hältst dir – wenn er dich penetrant verfolgt – die Ohren zu, wenn er redet. Lass dich auf keinen Fall vom Panikmacher unter Druck setzen, er gehört zu einer besonderen Spezies und will dir nur das Leben vor den Prüfungen noch schwerer machen, als es ohnehin schon ist.

Zu welchem Lerntyp auch immer du zählst: Bleib deinen Kommilitonen gegenüber skeptisch und glaube nicht alles, was sie über Prüfungen denken, vermuten oder angeblich wissen. Finde das für dich richtige

Lerntempo und folge deinen eigenen Ansprüchen. Egal, ob die anderen viel oder wenig gelernt haben: Dein Prüfungsblatt füllt sich davon nicht.

Damit du deine Kommilitonen richtig einschätzen kannst, hier ein paar Anhaltspunkte:

Der Streber ...
- ... weiß immer über alles Bescheid.
- ... schreibt während des Semesters fortlaufend Zusammenfassungen.
- ... ist meistens alleine oder immer mit denselben Leuten anzutreffen.
- ... reagiert freundlich auf deine Frage, ob er dir Auskunft über die Prüfungen geben kann. Es könnte jedoch etwas länger dauern.

Der »Ich-brauche-Zeitdruck-Typ« ...
- ... sieht immer ein bisschen gestresst oder übermüdet aus (vor allem gegen Ende des Semesters).
- ... geht während des Semesters vor allem außercurriculären Aktivitäten nach und ist vielseitig engagiert (Arbeit, Vereine, Partys).
- ... kennt viele Leuten an der Uni, und man sieht ihn immer wieder mit anderen Leuten.
- ... reagiert zwar freundlich auf deine Frage, ist aber doch etwas gestresst und bittet dich, ihm eine E-Mail zu schreiben.

Der Blender ...
- ... spricht gern von sich selbst und jammert oft über das enorme Pflichtstoffpensum.
- ... antwortet immer und immer wieder auf die Frage, wie gut er vorbereitet sei: »Ich habe noch *gar* nichts gemacht!«
- ... outet sich dadurch, dass er in den Tutorien immer wieder Fragen stellt – Fragen, die für dich keinen Sinn ergeben, da du dich wieder einmal nicht vorbereitet hast.
- ... reagiert auf deine Frage gezwungen freundlich, da er dir ja gerne helfen würde, aber selber keine Ahnung habe.

Der Panikmacher …
… hat nur ein Thema: die bevorstehenden Prüfungen.
… beginnt seine Sätze oft mit »Hast du auch gehört, dass …?«
… sieht oft etwas zerknirscht und verängstigt aus, da er wirklich glaubt, was er rumerzählt.
… reagiert unbeholfen auf deine Frage, da er sich selbst nicht helfen kann.

Die verschiedenen Lernorte

Unabhängig davon, zu welchem Lerntyp du gehörst: Um effektiv lernen zu können, musst du zuerst herausfinden – am besten vor den ersten Prüfungen –, wo und wie du am besten lernst.

Es gibt viele verschiedene Orte, an denen man sich seinen Büchern widmen kann. Am naheliegendsten sind die Bibliothek oder der eigene Schreibtisch. Aber hast du schon mal daran gedacht, in der freien Natur, in einem gemütlichen, nicht zu überlaufenen Café oder im Zug zu pauken? Wo auch immer du dich am besten konzentrieren kannst: Eine übersichtliche und strukturierte Ordnung der Semesterunterlagen legen wir dir unbedingt ans Herz. Übersicht ist schon die halbe Miete. Ob du diese mit Ordnern, Schachteln oder Klarsichtmäppchen erreichst, ist dir selbst überlassen, deiner Kreativität sind dabei keine Grenzen gesetzt. Lernst du zu Hause – sei es in der WG, in der eigenen Wohnung oder bei den Eltern –, ist es wichtig, dass du deinen Arbeitsplatz so einrichtest, dass du dich wohlfühlst. Damit du vom Geschehen außerhalb nicht zu sehr abgelenkt wirst, stell den Schreibtisch am besten an eine Wand und nicht direkt ans Fenster. Wenn du im selben Zimmer arbeitest und schläfst, dann trenne nach Möglichkeit den Arbeitsplatz und das Bett räumlich ab. Das kannst du mit einem Büchergestell oder einem Paravent bewerkstelligen. Der Schreibtisch sollte aber auf keinen Fall so stehen, dass du direkt auf das Bett blickst – die Versuchung ist sonst zu groß, dich gleich hinzulegen! Um effizient arbeiten bzw. lernen zu können, ist es zudem wichtig, dass du alle Unterlagen und Hilfsmittel griffbereit hast.

Der Vorteil des Zuhause-Lernens besteht ganz klar darin, dass man sich seine Umgebung weitgehend selbst gestalten kann und alle Unterlagen stets in Reichweite sind. Gleichzeitig besteht jedoch die Gefahr, dass man sich zu leicht ablenken lässt – sei es durch Telefonate, Mitbewohner, Nachbarn, den Fernseher, den Computer ... diese Liste könnte ewig weitergeführt werden. Besonders während der intensiven Lernphase fällt einem jedes Stäubchen auf dem Büchergestell und jeder Fleck im Badezimmer auf, und der Putzdrang ist dann plötzlich stärker als die Motivation zu lernen. Wenn du diesem Drang überhaupt nicht widerstehen kannst, empfehlen wir dir, dich in der Bibliothek auf die Prüfung vorzubereiten.

Voraussetzung für ein effizientes Lernen in der Bibliothek ist jedoch, dass du dir gut überlegst, was du an diesem Tag durcharbeiten möchtest, da du die entsprechenden Unterlagen mitschleppen musst. Ein wesentlicher Vorteil der Bibliothek als Lernort besteht darin, dass du dich mit Kommilitonen austauschen kannst – meide jedoch unbedingt die Panikmacher! Der Tagesablauf lässt sich durch das Lernen in der Bibliothek gut strukturieren, auch mithilfe der Kommilitonen. Verabredet euch morgens immer um dieselbe Zeit, dann trinkt ihr zur Stärkung vielleicht noch einen Kaffee zusammen und büffelt bis zur (Mittags-)Pause konzentriert und selbständig. Stimmst du den Lernplan mit den Kommilitonen ab, könnt ihr euch nachmittags zusammensetzen und das Gelernte besprechen, Unsicherheiten klären oder die Inhalte vertiefen. Allerdings braucht es auch hier einen eisernen Willen: Es besteht die Gefahr, dass man sich »verquatscht« und schließlich mehr Zeit mit den Pausen als beim Lernen verbringt. Wenn deine Freunde nicht in der Bibliothek pauken und du kaum jemanden kennst, dann empfehlen wir dir besonders, immer denselben Arbeitsplatz – oder einen in der Nähe – zu belegen. So siehst du immer dieselben Leute, und es können neue Freundschaften entstehen. Und wenn du deine Pausen nicht alleine beim Kaffeetrinken verbringen möchtest, dann dreh einfach eine Runde um den Campus – das tut auch deinem Gehirn gut!

Die Frage, ob du besser zu Hause oder in der Bibliothek lernen sollst, lässt sich also mit einer Gegenfrage beantworten: Kannst du eher dem Putzdrang oder den geschwätzigen Kommilitonen widerstehen?

Wenn dir während des Lernens zu Hause das Dach auf den Kopf fällt, oder wenn du die vielen Leute in der Bibliothek nicht mehr sehen kannst, dann brauchst du definitiv einen Tapetenwechsel. Nichts einfacher als das, wenn du über eine Zeitkarte der Bahn verfügst: Setz dich in den nächsten Zug (vielleicht nicht gerade morgens während der Pendlerzeit) und lass dich von der speziellen Atmosphäre inspirieren. Vor allem die Speisewagen eignen sich zum Büffeln, da sie meistens leer sind oder nur von Leuten besucht werden, die arbeiten oder Zeitung lesen wollen – auf jeden Fall bist du hier vor schreienden und quengelnden Kindern sicher. Die Preise für Getränke sind zwar nicht gerade günstig, aber du musst ja auch nicht gleich die ganze Karte durchprobieren. Manchmal gibt es beim Kauf eines Abonnements sogar Gutscheine für den Speisewagen. Wie dem auch sei, im Zug kannst du dich bestens drei bis vier Stunden einem Thema widmen. Als Belohnung genehmigst du dir in der Zielstadt einen kleinen Imbiss oder verzehrst dein mitgebrachtes Sandwich auf einer sonnigen Parkbank und vertrittst dir ein bisschen die Beine, bevor du wieder den Zug zurück nimmst, weiterlernst und dich auf das gemütliche Sofa und ein kühles Bier zu Hause freust. Wenn dir das Zugfahren nicht zusagt, kannst du dir auch ein gemütliches Café suchen – oder bei schönem Wetter einen geeigneten Ort in der freien Natur – , wo du mehr oder minder ungestört deine Unterlagen durchgehen kannst. Natürlich sind diese Alternativen nicht als Standard gedacht, doch als Abwechslung zum Lernalltag sind sie allemal zu empfehlen.

Die richtige Lerntechnik

Unabhängig vom Lernort gibt es verschiedene Techniken und Vorgehensweisen, wie du dir den Prüfungsstoff zu Gemüte führen kannst. Der sicherste Weg zu einem erfolgreichen Prüfungsergebnis besteht darin, den gesamten Stoff, der als Pflichtlektüre angegeben wird, bereits während des Semesters durchzuackern und fleißig Zusammenfassungen zu schreiben. So musst du vor den Prüfungen den Stoff nur noch wiederholen, und dir bleibt sogar noch Zeit, in weiterführender Literatur nach speziellen Details zu fahnden, die du noch nicht verstanden hast. Wenn du so arbeiten bzw. studieren kannst, bist du ein Glückspilz – und lebst von Luft und Büchern. Doch ein Großteil der Studenten tickt anders: Meist fehlt die Zeit – aus welchen Gründen auch immer –, um sich so gründlich dem Studium zu widmen. Deshalb ist es das A und O, dass du dir möglichst früh im Semester einen Überblick verschaffst, worum es in der Vorlesung prinzipiell geht und was in der Prüfung verlangt wird. Am schnellsten findest du das heraus, indem du dir alte Prüfungen besorgst und sie durchschaust. Manchmal werden sie von den Professoren zur Verfügung gestellt, sonst musst du dich bei höheren Semestern kundig machen. Aber Vorsicht: Wenn du dich bei einem älteren Studierenden erkundigst, sollte dir klar sein, welchem Lerntypen du gegenüberstehst, denn der Blender zum Beispiel wird behaupten, dass er diese bestimmte Prüfung trotz Nichtstun mit links bestanden hat. Vertraust du darauf, kann das ganz schön danebengehen. Außerdem sind die meisten Studenten eher egoistisch veranlagt und nicht wirklich daran interessiert, anderen wertvolle Tipps zu geben. Aussagen wie: »Das klappt dann schon«, und: »Einmal durchlesen genügt« sind nichtssagend, und du solltest diese Ratschläge keinesfalls zu sehr beherzigen. Wenn du also den Rat von älteren Studenten einholen willst, musst du jemanden finden, der sich mit dir an einen Tisch setzt und deine konkreten Fragen zum prüfungsrelevanten Stoff beantwortet und dich nicht mit leeren Floskeln abspeist.

Anhand der alten Prüfungen, der Probeprüfungen (diese stehen meist – wenn überhaupt – erst ab der zweitens Hälfte des Semesters zur Verfügung) und der Aussagen von älteren Studenten kannst du dir einen recht zuverlässigen Überblick verschaffen und bei deinen Vorbereitungen gezielt Prioritäten setzten. In Anbetracht des relevanten Prüfungsstoffes und der knappen zur Verfügung stehenden Zeit ist es unumgänglich, den

Fokus auf die wichtigsten Punkte zu legen. Letztendlich hinterlässt das auch das gute Gefühl, nicht von einem Stapel Bücher und Skripten erschlagen zu werden.

Wenn du zu den Studenten gehörst, die sich nicht frühzeitig aufraffen und nur unter Druck lernen können, dann hilft es dir vielleicht, bereits während des Semesters Lerngruppen zu bilden. Durch den gemeinsamen Lernplan bist du gezwungen, dich auf die Treffen entsprechend vorzubereiten. Du solltest jedoch keine Lerngruppe mit deinem besten Freund oder mit den Kommilitonen bilden, mit denen du regelmäßig ein Bier trinken gehst, denn sonst findest du zu leicht Ausreden, um das Treffen ausfallen zu lassen. Kennst du die Lerngruppenmitglieder nicht näher, ist der Lerndruck größer und die Hemmung davor, bei einem Treffen zu fehlen, höher.

Kurz vor den Prüfungen

Meistens stehen die ersten Prüfungen bereits vor der Tür, ehe du dich richtig organisieren konntest. Keine Angst, auch dafür gibt es Lösungen. Das Wichtigste vorweg: Ruhe bewahren und nicht in Panik ausbrechen. Nur mit einem kühlen Kopf kannst du die Sache effizient angehen und den nötigen Stoff aufnehmen. Auch in diesem Fall gilt, dass du dir zuerst einen Überblick verschaffen solltest: Was genau ist gefragt, wo liegen die Schwerpunkte? Im zweiten Schritt solltest du dir für die verbleibende Zeit einen (realistischen) Lernplan erstellen. Einerseits kannst du so die große Masse an Lernstoff auf einzelne Tage einteilen und einzelne Etappenziele definieren. Das Gesamtziel – die Prüfung – erscheint dann erreichbar und weniger bedrohlich. Andererseits motiviert ein vernünftiger Lernplan auch, da es sehr befriedigend ist, wenn du am Abend jeweils ein Etappenziel erreicht hast und ein Thema abhaken kannst. Als dritten Schritt solltest du – trotz Lernphase – Freizeitaktivitäten wie Sport, Shoppen oder Kino gezielt einplanen, um etwas Abwechslung in den Alltag zu bringen und ab und zu das Gehirn ausschalten zu können.

Neben dem kühlen Kopf, dem Gesamtüberblick und der Abwechslung spielt hier die Einstellung eine ganz besonders wichtige Rolle: Denk nicht, dass du *nur* noch drei Tage Zeit zum Lernen hast, sondern mach dir bewusst, dass es noch drei *ganze* Tage sind. Das sind 72 Stunden oder 4320 Minuten oder 259 200 Sekunden ... Wahnsinn!

Am Tag davor

Jeder wird verstehen, dass du am Tag vor deiner ersten Prüfung nervös bist. Versuch jedoch, deinen Tagesablauf so normal wie möglich zu gestalten. Auf keinen Fall solltest du irgendwas Neues, dir völlig Unbekanntes ausprobieren. Das betrifft vor allem Aufputschmittel jeglicher Art. Du kannst nie wissen, wie du darauf reagierst! Es gibt Leute die einschlafen, sobald sie ein RedBull getrunken haben ... Apropos schlafen: Nur wenn du ausgeruht bist, kannst du am nächsten Tag eine Topleistung erbringen. Die Nacht durchzuarbeiten, ist eher kontraproduktiv. Es reicht, wenn du vor dem Schlafengehen die wichtigsten Zusammenhänge nochmals kurz durchgehst. Danach solltest du nicht mehr an den Prüfungsstoff denken. Wenn vor dem Einschlafen jedoch noch eine Frage auftaucht, steh noch einmal auf und versuch sie zu klären. Tust du das nicht, läufst du Gefahr, dass dich das Problem die Nacht durch nicht mehr loslässt und du es in deinen Träumen zu lösen versuchst. Am Morgen erwachst du dann völlig erschöpft, und die Frage ist immer noch nicht geklärt.

Nachgefragt: Die Meinung des Experten

Frau Birkenbihl, das Plateau der Lernkurve, das Sie im Buch »Stroh im Kopf« beschreiben, dürfte allen Studierenden bekannt sein: Kurz vor der Prüfung hat man das Gefühl, nichts gelernt zu haben, nicht mehr weiterzukommen, und es ist sehr schwierig sich zum (Weiter-)Lernen zu motivieren. Psychologisch wäre es ja viel besser, wenn die Prüfung in das

»Hoch« fallen würde – sei es vor oder nach dem Plateau –, so dass man mit einem positiven Gefühl an die Prüfung könnte. Sind diese Hochs bzw. das Plateau kalkulierbar?*

Die klassische so genannte LERN-kurve (nach Ebbinghaus) ist genau genommen eine VERGESSENSKURVE. Sie geht in der Regel mit PAUKEN einher, d. h. mit einem Vorgehen das NICHT GEHIRN-GERECHT ist. Wer gehirn-gerecht vorgeht, erhält eine exponentielle Kurve, d. h. je weiter man lernt, desto leichter wird es, Neues in das Bekannte einzugliedern ... Allerdings nur, wenn man wirklich LERNT: 1. durchdenken und begreifen, 2. darüber nachdenken (dabei wird Einspeichern automatisch passieren).

Vera F. Birkenbihl, Management-Trainerin und Leiterin des Instituts für gehirn-gerechtes Arbeiten, zählt zu den etablierten Größen in der Seminarszene. Mit ihren unkonventionellen Lehrmethoden auf dem Gebiet der Rhetorik hat die Querdenkerin außerdem eine große Lesergemeinde hinter sich.

Die ABC-Listen sind ein wichtiger Bestandteil in Ihren Seminaren »Genial lernen – Genial lehren«. Würde sich diese Methode auch für die Nachbearbeitung von Vorlesungen oder gar für die Prüfungsvorbereitung eignen?

Die so genannte ABC-AKTIV-Liste legen Sie während eines Vortrags (einer Vorlesung) an. Sie bietet Ihnen die bestmögliche Art, ein PROTOKOLL anzulegen, statt, wie früher, immer krampfhaft zu versuchen, halbe oder ganze Sätze oder Aussagen des Vortragenden zu notieren. Aber wie jede Technik (auch geistiger Art) muß man üben und trainieren, bis es klappt. Der Übungsplan sieht wie folgt aus: Stufe 1: Nachrichten-Sendungen (auf alle Fälle mitschneiden, damit Sie hinterher eine Erfolgskontrolle durchführen können). Stufe 2: TV-Dokus. Beginnen Sie mit 15-Minuten-

---

* Auf Wunsch von Frau Birkenbihl sind ihre Antworten im Interview in der alten Rechtschreibung belassen.

Sendungen auf den digitalen ARD- und ZDF-Infos-Kanälen, dann 30 Minuten bis zu einem BBC-Special o. ä. von bis zu 90 Min. Stufe 3: TV-Talk-Shows (z. B. Anne Will). Wer das schafft, schafft jede Art von:
– Unterricht
– Vorlesung oder
– Meeting
danach!

Im Seminar »Genial lernen« sagen Sie, dass es neurophysiologisch nicht möglich ist, zu lernen, wenn man ein Thema langweilig findet. Nun ist gerade dies oft das Problem bei Studierenden: Bevor man das studieren kann, was einen wirklich interessiert, muss man Pflichtfächer absolvieren, die einen langweilen. Gibt es eine Möglichkeit, die Neuronen auszutricksen?
Ja, z. B. mit der Zitate-Technik (s. TROTZDEM LEHREN, unter »Z«). Und/ oder indem Sie einige Dinge aufschreiben, die Sie über dieses Thema erfahren wollen (trotz Lehrbuch und Unterricht z. B.) und versuchen, diese herauszubekommen, durch Surfen, Chatten mit Leuten, die sich auskennen, etc. also, indem Sie Detektiv spielen.

In Ihrem Buch »Stroh im Kopf« beschreiben Sie die Technik der »Wissens-Kassetten«. Demnach wären Vorlesungen, die aufgezeichnet und den Studierenden zur Verfügung gestellt werden, ideal für den Lernprozess. Sind solche Aufzeichnungen aus Ihrer Sicht für den Lernprozess notwendig oder sehen Sie auch Gefahren darin?
Meine Wissens-Kassetten sind MITSCHNITTE, die ich selbst anfertige, z. B. von TV-Dokus oder von Vorträgen/Vorlesungen, bei denen das Mitschneiden gestattet war. Wenn Vortragende Mitschnitte zur Verfügung stellen (das ist rar), um so besser, aber Ihre Frage könnte implizieren, daß Sie abhängig sind (ob ein Referent den Mitschnitt für Sie durchführt), statt selbst aktiv zu werden (haha). Warum sollte ein solcher Mitschnitt Gefahren bergen?

Das Beste zum Schluss: Fazit

Wo, wie und wie viel du lernst, findest du am besten heraus, indem du die verschiedenen Möglichkeiten einfach ausprobierst. Wichtig ist, dass du dich beim Lernen wohlfühlst. Und nicht vergessen: Lass dich von anderen nicht zu sehr einschüchtern oder blenden – geh deinen eigenen Weg!

Tipps
- Stell den Schreibtisch an eine Wand, so dass du durch die freie Sicht aus dem Fenster nicht zu stark abgelenkt wirst. Zudem kann direktes Tageslicht zu Kopfschmerzen führen.
- Achte darauf, dass du Unterlagen, Papier, PC oder Laptop und Schreibzeug stets in Griffnähe hast, damit du nicht immer aufstehen musst und zu viel Zeit vertrödelst.
- Wenn du im selben Zimmer arbeitest und schläfst, trenne nach Möglichkeit den Arbeitsplatz und das Bett räumlich ab – zum Beispiel mit einem Büchergestell oder einem Paravent. Der Schreibtisch sollte auf keinen Fall so stehen, dass du direkt auf das Bett blickst – die Versuchung ist sonst zu groß, dich gleich hinzulegen!
- Belege in der Bibliothek immer denselben Arbeitsplatz (oder einen in der Nähe) – der Mensch ist ein Gewohnheitstier. Außerdem triffst du dann vermutlich immer die gleichen Leute, die vielleicht zu neuen Freunden werden.
- Anstelle eines weiteren Kaffees in der Pause drehst du zur Abwechslung mal eine Runde um den Campus. Frische Luft tut deinem Gehirn gut.
- Arbeite dort, wo du dich am wohlsten fühlst. Denn nur dann bist du auch wirklich bereit, neue Dinge aufzunehmen und zu verarbeiten.

- Bewahre auf jeden Fall einen kühlen Kopf. Panikmachen hilft weder dir noch anderen. Im Gegenteil: Die Neuronen streiken in deinem Gehirn.
- Die richtige Einstellung ist Gold wert: Konzentriere dich nicht immer auf die Unmengen von Stoff, die du noch bewältigen musst – das erdrückt dich und hindert dich am Lernen. Denk lieber positiv!
- Abwechslung ist notwendig, aber es kommt auf das Verhältnis an: Zwei Stunden Lernen und acht Stunden Sport/Shoppen/Freundetreffen ist in der Lernphase natürlich nicht drin.
- Wenn du einmal wirklich keinen Bock hast, dich durch nichts und niemanden motivieren kannst, dann lass die Bücher einfach außerplanmäßig liegen und unternimm etwas, das dich aufbaut. Dieses »Etwas« kann von Shoppen über DVD-Schauen bis hin zu einem Cappuccino in deinem Lieblingscafé oder einem Nickerchen unter freiem Himmel im Stadtpark reichen.

IX. Pasta, Pommes & Co.

Mona hatte sich etwas Besonderes vorgenommen. Sie wollte für sich und ihre Mitbewohner kochen – so ganz richtig. Also machte sie sich an die Arbeit, schälte und stückelte Gemüse, setzte Wasser für Pasta auf und erhitzte in einer Bratpfanne etwas Öl, um das Fleisch anzubraten. In diesem Moment klingelte das Telefon, und obwohl Mona eigentlich alle Hände voll zu tun hatte, ging sie schnell ins Wohnzimmer und nahm den Hörer ab. Falsch verbunden – super. Als Mona zurück in die Küche kam, blieb ihr beinahe das Herz stehen: Die Bratpfanne brannte lichterloh! Oh mein Gott – und jetzt? Schnell stellte Mona den Herd ab, erstickte das Feuer mit einem Deckel, nahm die Pfanne mit einem Topflappen vom Herd und ließ sie auf dem Balkon auskühlen. Das war ja noch einmal gut gegangen. Aber die Lust am Essen war Mona vergangen.

Kaum kannst du sie nicht mehr genießen, vermisst du sie – Mamas Küche. Noch vor Kurzem hat deine Mama dich genervt, wenn sie sich darüber beklagt hat, dass du ihr Essen zu wenig würdigst und auch mal Dankeschön fürs Kochen sagen könntest. Mittlerweile würdest du alles dafür geben, dass sie in deinem neuen Zuhause am Herd steht und dich bekocht. Doch stattdessen ist, wenn du nach Hause kommst, der Kühlschrank ebenso leer wie dein Magen, und in der Küche türmen sich möglicherweise Berge dreckigen Geschirrs vom Vorabend. Dummerweise hast du auch heute wieder auf ein richtiges Mittagessen verzichtet, denn das fade und zerkochte Men-

saessen konntest du einfach nicht mehr sehen. So hast du deinen Hunger wie üblich mit einer Portion Pommes von der Imbissbude nebenan gestillt. In den Vorlesungspausen hast du dir dann einen Schokoriegel gegönnt. Und jetzt hättest du so richtig Lust auf ein gutes Abendessen und würdest sogar den dir verhassten Spinat ohne zu zögern essen. Aber nichts da. Aufgrund des fast leeren Vorratsschranks und der mangelnden Kochkünste gibt es wieder einmal – welche Freude – Nudeln mit Olivenöl und etwas Parmesan. Damit das nicht für immer so bleibt, haben wir dir in diesem Kapitel ein paar nützliche Ratschläge und wichtige Tipps zusammengestellt, wie du dich trotz wenig Zeit, eines knappen Budgets und geringer Erfahrung in der Küche gesund und abwechslungsreich ernähren kannst. Mamas Schweinsbraten wird allerdings vermutlich immer der beste bleiben.

Falsche Ernährung und ihre Folgen

Die Umstellung von der Schule auf die Uni, der alten Heimat auf die neue Stadt und von den langjährigen Freunden auf unbekannte Gesichter ist ziemlich anstrengend, und du hast einfach keine Lust und schon gar keine Zeit, dich um eine ausgewogene Ernährung zu kümmern. Oder du genießt die Freiheit, endlich mal essen zu dürfen, was du willst, und nicht das, was in Mamas Kochtöpfen schmort. Doch die tägliche Portion Pommes und die Süßigkeiten bleiben nicht ohne Folgen. Es sei denn, du gehörst zu den Menschen, die über einen hervorragenden Stoffwechsel verfügen und mehr Kalorien verbrennen als üblich. In diesem Fall bleibst du vielleicht von einer Gewichtszunahme verschont. Eine unausgewogene Ernährung kann aber auch Konzentrationsschwäche und/oder Müdigkeit zur Folge haben. Zusammen mit dem Alltagsstress bist du dann auch vor Grippe und Erkältungen nicht mehr sicher.

Gesunde Ernährung

Eine gesunde Ernährung bedeutet vor allem: Abwechslung! Niemand kann sich auf die Dauer nur von Pommes oder Schokolade ernähren. Eine gewisse Zeit lang mag das noch sehr verlockend sein, aber irgendwann kann man den Geruch von Pommes nicht mehr ausstehen – und dem Körper schaden das viele Fett und der ganze Zucker. Zu einer abwechslungsreichen und ausgewogenen Ernährung gehören vor allem Vitamine, Kohlenhydrate und Proteine.

Vitamine

Du hast sicher schon mal von der Regel »Fünf-am-Tag« gehört. Damit ist gemeint, dass man pro Tag fünf faustgroße Portionen Früchte oder Gemüse zu sich nehmen soll, um den Grundbedarf an Vitaminen zu decken. Im studentischen Alltag ist diese Regel eher schwierig einzuhalten (zumal das verkochte Mensagemüse nicht als vitaminhaltig bezeichnet werden kann), da es doch mit einem gewissen Aufwand verbunden ist, Früchte und Gemüse zu Hause vorrätig zu haben und sie zuzubereiten. Oder das unter gutem Vorsatz gekaufte Gemüse ist nicht so lange haltbar, wie du gehofft hast, und bald reif für den Mülleimer. Zur Haltbarkeit ist hier grundsätzlich zu sagen, dass regionales, saisonales Obst und Gemüse länger haltbar ist als importiertes oder im Gewächshaus gezogenes. Außerdem ist das Saisonobst und -gemüse viel vitaminreicher. Erdbeeren im Winter zu essen, macht also vitamintechnisch keinen Sinn.

Wenn du die fünf Portionen am Tag nicht schaffst, lass dich nicht entmutigen und gib nicht auf. Bei dieser Regel handelt es sich um eine optimale Tagesration – aber wie auch sonst im wirklichen Leben ist das Optimum nicht immer erreichbar. Achte dennoch darauf, dass du regelmäßig frisches Obst und Gemüse isst: Ein Apfel für die Vorlesungspause findet in der Tasche immer Platz. Wenn du trotzdem das Gefühl hast, nicht ausreichend mit Vitaminen versorgt zu werden, gibt es in den meisten Supermärkten nahrungsergänzende Vitaminpräparate (Kapseln oder Brausetabletten), die wesentlich billiger sind als die in Apotheken erhältlichen Produkte und sich von den Inhaltsstoffen nicht oder nur unwesentlich unterscheiden.

Achtest du auf eine ausgewogene Ernährung, fühlst dich aber dennoch schlapp und müde? Ein Grund dafür könnte ein Mangel an Bewegung und Tageslicht sein. Wenn du dich den ganzen Tag in den künstlich beleuchteten und oft fensterlosen Räumen der Uni aufhältst, fühlst du dich am Abend wie erschlagen. Da kann ein Spaziergang im Grünen Wunder wirken! Ein anderer Grund für die Müdigkeit könnte ein Mangel an Spurenelementen sein. Aber kein Grund zur Panik, auch hier gibt es verschiedene hilfreiche Präparate. Am besten lässt du dich in einer Drogerie oder Apotheke beraten.

Kohlenhydrate

Neben den Vitaminen und Spurenelementen spielen die Kohlenhydrate eine wichtige Rolle in der Ernährung, sie treiben sozusagen deinen Motor an. Zu den kohlehydrathaltigen Lebensmitteln gehören Brot, Kartoffeln und Getreideprodukte. Deshalb ist die Pasta auf deinem Teller absolut gerechtfertigt. Denn es sind die fettigen Saucen und der Käse, die sich auf der Waage bemerkbar machen. Aber das Essen sollte auch schmecken, deshalb gilt der Grundsatz: In Maßen ist alles erlaubt!

Proteine

Auch Proteine – oder Eiweiße – sind ein wichtiger Bestandteil der Ernährung, ein Mangel daran kann u. a. zu Haarausfall oder Muskelabbau führen. Neben den Milchprodukten enthalten besonders Fleisch und Fisch Proteine. Wenn du dich vegetarisch ernährst, solltest du darauf achten, dass du genügend pflanzliche Proteine zu dir nimmst. Hülsenfrüchte (Bohnen, Soja etc.) oder Getreide (Reis, Dinkel etc.) sind dabei wichtige Proteinlieferanten. Aber Achtung! Auch wenn grüne Bohnen roh schmecken, musst du sie vor dem Verzehr unbedingt kochen. Denn Bohnen enthalten einen Giftstoff, der erst durch hohe Temperaturen zerstört wird!

Gesund essen und trotzdem sparen – Tipps für die Küche

Du hast mit Sicherheit schon oft gehört, was gesunde Ernährung bedeutet, und weißt im Grunde genommen, worum es geht. Die Umsetzung ist aber oft ziemlich schwierig, da dir die Zeit zum Einkaufen und Kochen fehlt und dein Budget dich in der Auswahl der Lebensmittel einschränkt. Es gibt jedoch ein paar Punkte, die dir den (Ernährungs-)Alltag erleichtern.

Selber kochen

Jeden Tag selbst zu kochen, ist sehr zeitaufwändig, vor allem wenn es sich um etwas Aufwändigeres handelt als Fertigmenüs aufzuwärmen. Übrigens: Fertigmenüs sind teuer, vitaminarm und enthalten meistens viel Fett. Wenn du dich also gern ab und zu mal vor den Herd stellst, lohnt es sich, größere Portionen zu kochen und diese dann richtig verpackt im Kühlschrank aufzubewahren. Besonders eignet sich dazu selbst gemachte Tomatensauce. Die kannst du sogar in kleinere Gefäße abpacken und im Eisfach einfrieren. Gebrauchte Eisbecher sind als Gefäß besonders gut geeignet! Wenn du andere Speisen, die sich nicht einfrieren lassen, vorkochst, dann lass sie auskühlen und bewahre sie gut zugedeckt im Kühlschrank ein bis zwei Tage auf. Für die Aufbewahrung eignen sich besonders gut verschließbare Plastikgefäße wie sie in allen Formen und Größen in Supermärkten oder der IKEA erhältlich sind. Zum Verpacken von angeschnittenen Lebensmitteln eigenen sich Gefrierbeutel, Alu- oder Frischhaltefolie – ebenfalls in jedem Supermarkt erhältlich.

Günstig einkaufen

Gratis geht's leider nicht, aber günstiger. Es gibt immer wieder Leute, die meinen, dass man bei Lebensmitteln nicht sparen kann. Um einen bestimmten Betrag, den du für Lebensmittel ausgeben musst, kommst du zwar nicht herum, aber es gibt durchaus Möglichkeiten, deine Ausgaben zu minimieren. Grundsätzlich empfehlen wir dir, deine Einkäufe zu planen und einen Einkaufszettel zu schreiben. Zum einen verleiten Einkaufszettel weniger zu Spontaneinkäufen und verhindern, dass du Dinge kaufst, die du gar nicht benötigst und die dann verfallen, bevor du sie zubereiten kannst. Zum anderen kannst du dich bei der Planung z. B. mit deinen Mitbewohnern absprechen, so dass du statt einer Einzelpackung Spaghetti die Doppelpackung im Sonderangebot kaufen kannst. Überhaupt lohnt es sich in einer WG, wenigstens die Grundnahrungsmittel gemeinsam anzuschaffen. Auch wenn du alleine wohnst, kannst du mit deinen Freunden ab und zu zum Großeinkauf fahren und so von Sonderangeboten profitieren. Dabei solltet ihr auch kurz vor Ladenschluss nach Aktionen Ausschau halten. Leicht verderbliche Produkte wie Brot, Joghurt oder Fleisch werden oft um die Hälfte des ursprünglichen Preises angeboten. Nicht immer billiger – aber bestimmt frischer und damit auch länger haltbar – sind Früchte, Gemüse und Salat auf dem Markt. In vielen Städten gibt es von Frühling bis Herbst einen Wochenmarkt mit frischen Produkten aus der Region. Je nach Saison und Ernteergebnis können die Marktpreise stark variieren, deshalb lohnt sich auf jeden Fall zuvor ein Preisvergleich mit dem Angebot im Supermarkt. Vorsicht bei vorgeschnittenem Salat oder Gemüse im Supermarkt: diese Angebote sind oft viel teurer, als wenn der Salat oder das Gemüse als Ganzes gekauft wird. Aufbewahrungstechnisch ist es kein Problem, Salat hält sich im Kühlschrank bis zu vier Tagen – ein etwas fauliger Geruch verrät dir in jedem Fall sofort, wenn ein Salat nicht mehr genießbar ist!

Mit Freunden zu kochen, macht nicht nur Spaß, es ist auch billiger. Ihr könnt größere Portionen einkaufen und da ihr für die Zubereitung und das Kochen der größeren Menge nicht viel mehr Zeit und Strom braucht als wenn du für die alleine kochen würdest, ist der Preis pro Kopf deutlich niedriger.

Einfache Kochrezepte – schnell und günstig

Dieses Buch soll natürlich kein Studentenkochbuch sein, davon gibt es ohnehin genügend. Du hast noch keins? Dann wünsch dir doch am besten von deiner Oma eins zu Weihnachten! So bekommst du ein sinnvolles Geschenk und deiner Oma bleibt der Kauf der Wollsocken erspart, für die du dich zwar alle Jahre wieder höflich bedankst, die du aber eh nie anziehst. Und satt wird man von diesen Dingern ja auch nicht ... Hier aber für die Zeit bis Weihnachten ein paar Ideen, wie du einfache Dinge schnell und günstig kochen kannst.

Salate

Blattsalate lassen sich schnell und einfach zubereiten. Für das Dressing brauchst du nur etwas Salz, Öl und Essig. Ganz besonders gut schmeckt die Kombination aus Kräutersalz, Olivenöl und weißem Balsamico-Essig. Zur Abwechslung kannst du Karotten, Tomaten, Gurken, Radieschen, Feta oder Frühlingszwiebeln in den Salat schneiden. Hart gekochte Eier oder Mozzarella passen besonders gut zum Feldsalat. Deiner Kreativität sind hier keine Grenzen gesetzt. Achte nur darauf, die Salatsauce erst kurz vor dem Essen hinzuzufügen, sonst fällt der Blattsalat zusammen.

Gemüse

Für die Zubereitung von Gemüse gibt es mindestens zwei Möglichkeiten. Variante A: Salzwasser aufkochen, zerkleinertes Gemüse rein und das ganze kochen lassen, bis das Gemüse matschig ist und alle Vitamine mit Sicherheit zerstört sind. Variante B – und die empfehlen wir dir auch: Gemüse in Stücke schneiden (etwa Karotten, Zucchini oder Peperoni) oder zerkleinern (etwa Blumenkohl oder Broccoli) und mit ungefähr einem Becher Bouillon erst aufkochen und danach auf kleiner Stufe circa eine viertel Stunde zugedeckt auf dem Herd stehen lassen. Zwischendurch mit einem Küchenmesser kurz prüfen, damit das Gemüse nicht verkocht, sondern bissfest bleibt. Nach Belieben kannst du mit Pfeffer oder anderen Gewürzen etwas nachwürzen, meist ist dies jedoch gar nicht nötig, da das Gemüse seinen eigenen Geschmack entwickelt.

Nudeln und andere Beilagen
Bei Pasta macht vor allem die Sauce den Unterschied. Und auch Tomatensauce ist nicht gleich Tomatensauce. Fertige Tomatensauce – ob gekauft oder selber zubereitet – kannst du beliebig verfeinern und ergänzen. Variationen mit frischen Kräutern, Gemüse (z. B. Zucchini oder Auberginen), Thunfisch oder Oliven lassen deine Tomatensauce immer wieder anders schmecken – probier es einfach aus, viel kannst du nicht falsch machen. Du hast keine Tomatensauce vorrätig? Kein Problem: Schütte die gekochten Nudeln in eine Auflaufform, vermische etwas Milch mit geriebenem Käse, eventuell einem Ei, Pfeffer und Paprika, und gieß die Flüssigkeit über die Pasta. Im Ofen backst du das Ganze bei circa 200° C 30–40 Minuten lang. Schmeckt gut und ist super einfach!

Pro Person berechnet man circa 100 g Nudeln. Wenn der Hunger groß und die Beilage klein ist, dann darf es ruhig auch ein bißchen mehr sein. Viele Nudelpackungen enthalten 500 g, das heißt, für dich alleine kannst du circa ein Viertel der Packung verwenden.

Kartoffeln sind in ihrer Zubereitung vielfältig – Pommes frites, Bratkartoffeln, Kartoffelgratin, Rösti oder Kartoffelknödel – das sind nur einige Beispiele. Am einfachsten ist die Zubereitung von Salzkartoffeln (pro Person circa 150 g): Kartoffeln mit kaltem Wasser gut abwaschen und schälen. Dann die Kartoffeln vierteln (kleinere Kartoffeln in Hälften schneiden) und nochmals mit kaltem Wasser abspülen. Einen Topf mit kaltem Salzwasser aufsetzen und die geschnittenen Kartoffeln beigeben. Das Wasser aufkochen und die Kartoffeln circa 20 Minuten auf mittlerer Stufe kochen lassen. Bevor du den Topf vom Herd nimmst, fisch dir ein Kartoffelstück heraus und prüfe, indem du mit einer Gabel reinstichst oder es ganz einfach isst, ob es auch wirklich gar ist – denn halb gare Kartoffeln sind nicht genießbar! Salzkartoffeln passen sehr gut zu Fisch, gekochtem Schinken und Gemüse wie Karotten, Rosenkohl oder Bohnen!

Auch Reis gibt es in verschiedenen Varianten: Langkornreis, Basmatireis, Risottoreis, Wildreis... Wie der Reis zubereitet werden muss, steht meistens auf der Packung. Grundsätzlich gilt jedoch, dass immer die doppelte Menge Wasser benötigt wird. Für zwei Personen berechnet man eine Tasse Reis. Den Reis schüttest du in einen Topf und fügst zwei Tassen Wasser und etwas Salz hinzu. Dann das ganze aufkochen und anschließend circa 20 Minuten auf mittlerer bis kleiner Stufe zugedeckt leicht köcheln lassen – bis das Wasser eingekocht ist. Wichtig: den Reis niemals umrühren, sonst brennt er an! Den Topf zwischendurch höchstens mit Deckel drauf schütteln. Reis passt – wie Nudeln – fast zu allem, sei es Fisch, Fleisch oder Gemüse!

Fleisch

Fleisch ist verhältnismäßig teuer und kommt in einer Studentenbude eher selten auf den Teller. Deshalb lohnt es sich wirklich, beim Einkaufen auf Aktionen zu achten. Es gibt aber auch Fleischarten, die etwas günstiger sind: Fleischkäse, Würste, Hackfleisch und Geschnetzeltes. Schweinefleisch ist grundsätzlich billiger als Rindfleisch, das wiederum ist günstiger als Kalbfleisch. Puten- oder Hühnerfleisch liegt im unteren Preissegment, kann sich aber je nach Angebot und Nachfrage dem üblichen Preis für Kalbfleisch annähern.

Bei der Zubereitung von rohem Fleisch gilt grundsätzlich: Immer gut anbraten (3–4 Minuten bei hoher Hitze). Danach entweder mit etwas (billigem) Weißwein oder Bouillon abschmecken und bei mittlerer Hitze circa 15 Minuten weiter leicht köcheln lassen (Hackfleisch, Geschnetzeltes). Nach Belieben würzen und etwas Sahne oder Milch beigeben – und fertig. Beim Schnitzel oder Hamburger reduzierst du ebenfalls die Hitze, lässt das Fleisch aber unter regelmäßigem Wenden – je nach Größe – 5–10 Minuten weiter anbraten.

Und hier die Schritt-für-Schritt-Anleitung für eine Sauce Bolognese nach Cammis-Art (Rezept für 4 Personen):

Mengenangaben sind in Rezepten fast immer abgekürzt. Bevor du dir nun den Kopf zerbrichst, wie viel du von der jeweiligen Zutat brauchst, hier die Erklärung:

EL = Esslöffel
TL = Teelöffel
g = Gramm

Zutaten: 1 Zwiebel, 1 EL Öl, circa 400 g Hackfleisch (gemischt), 1 EL Mehl oder 1 TL gebundene Bratensauce, 1 Becher Bouillon, evtl. etwas Weißwein, 1/2 Becher Sahne, circa 200 g Erbsen (tiefgekühlt), 2 Karotten, Salz, Pfeffer, Paprika

1. Karotten schälen und in Würfelchen schneiden, beiseite legen
2. Zwiebel in kleine Stücke schneiden
3. 1 EL Öl in Bratpfanne geben und erhitzen
4. Zwiebel in Bratpfanne geben, kurz etwas anbraten (nicht braun werden lassen)
5. Hackfleisch zugeben, mit der Kelle in der Pfanne verteilen und anbraten
6. Karotten zugeben, kurz weiterbraten
7. Würzen (etwas Salz, Pfeffer und Paprika)
8. 1 EL Mehl oder 1 TL gebundene Bratensauce beigeben
9. Mit Weißwein und/oder Bouillon ablöschen, auf mittlerer Stufe circa 20 Minuten leicht kochen lassen, eventuell etwas Wasser hinzufügen
10. Sahne und Erbsen beigeben, nochmals circa 10 Minuten leicht kochen lassen

Je länger die Bolognese kocht, desto besser wird sie. Dieses Gericht kannst du auch auftischen, wenn du Gäste eingeladen hast: Du kannst die Sauce im Voraus zubereiten und bis zu 1 1/2 Stunden kochen lassen.

Ab und zu etwas Wasser beigeben und nachwürzen. Die Erbsen aber erst circa 10 Minuten vor dem Essen dazugeben. Als Beilage eignen sich Hörnchennudeln, natürlich Spaghetti oder – und das ist ein Geheimtipp – Kartoffelpüree! Die Reste der Sauce und der Beilage kannst du am nächsten Tag bestens mit etwas Käse im Backofen aufwärmen.

Reste

Das klassische Reste-Gericht ist der Auflauf – das dürfte dir bekannt sein, falls du freitags schon mal in der Mensa warst. Teigwaren und andere Reste (Gemüse, Fleisch, Saucen) einfach in eine Auflaufform geben, etwas Käse darüberstreuen und ab in den Backofen (bei 200° C, circa 30–40 Minuten). Wichtig ist, dass du – wenn du keine Saucenreste hast – noch etwas Flüssigkeit dazugibst: Je nach Größe der Form circa eine Tasse Milch mit einem Ei und Gewürz gut mischen und darübergießen. Mit Teigwarenreste lassen sich aber auch leckere Pasta-Salate zubereiten. Dabei sind deiner Kreativität – wie beim grünen Salat – keine Grenzen gesetzt.

Auch für altes Brot gibt es ein Rezept: Wende die Brotscheiben in kalter Milch und anschließend in zwei bis drei geschlagenen Eiern (zu den Eiern eine Prise Salz geben). Backe danach das Brot in einer Bratpfanne goldgelb.

Party-Brote

Du planst eine Party? Wenn du deinen Gästen etwas zu essen anbieten willst, eignen sich belegte Brote hervorragend. Zum einen kannst du sie gut im Voraus zubereiten, zum anderen hast du so die Möglichkeit, günstig und einfach für jeden Geschmack etwas zu bieten. Die Brot- oder Toastscheiben jeweils mit etwas Butter oder Mayonnaise bestreichen und beliebig mit Schinken, Eiern, Spargel, Gurken, Salami – oder was dir sonst noch einfällt – belegen. Aber damit noch nicht genug! Mit den folgenden Brötchen stehst du bei deinen Freunden bestimmt hoch im Kurs:

Eierbrötchen in verschiedenen Variationen: Einige hart gekochte Eier fein schneiden, etwas Salz beigeben und ...
... mit Mayonnaise mischen.
... mit Mayonnaise und etwas Tomatenpüree mischen.
... mit einer reifen Avocado vermischen.

Das Eigemisch auf Brot- oder Toastscheiben verteilen.

Thunfischbrötchen: Thunfisch abtropfen, mit fein geschnittenen Zwiebeln, Kapern oder Oliven und etwas Mayonnaise vermischen und auf Brot- oder Toastscheiben streichen.

Kräuterbrötchen: Frischkäse mit Kräutersalz und frischen Kräutern (Schnittlauch, Petersilie) mischen und auf die Brote verteilen.

Crostini nach Studenten-Art: Baguette-Scheiben mit Tomatenpüree bestreichen, fein geschnittenen Schinken und etwas geriebenen Käse darauf verteilen und im Backofen erwärmen, bis die Scheiben knusprig sind. Oder für die Vegetarier: Tomaten und Basilikum fein schneiden und vermischen. Baguette in Scheiben schneiden, mit Olivenöl beträufeln und mit dem Tomaten-Basilikum-Gemisch belegen. Im Backofen wärmen, bis die Scheiben knusprig sind.

Pro Gast kannst du vier bis fünf Brötchen berechnen.

Das Beste zum Schluss: Fazit

Eine gesunde und ausgewogene Ernährung ist wichtig. Gewusst wie, ist sie nicht mal so kompliziert und gar nicht teuer. Aber auch hier gilt wie so oft im Leben: Zusammen macht es einfach mehr Spaß!

Tipps
- Gewisse Lebensmittel gehören zum Grundvorrat, den du immer zu Hause haben solltest: Zucker, Reis, Teigwaren, Öl, Salz.
- Leg dir einen kleinen Notvorrat mit den – für dich – wichtigsten Nahrungsmitteln an. Dazu können gehören: Cornflakes, Nudeln, fertige Tomatensauce, Schokolade, Milch, Joghurt.
- Neben den Lebensmitteln gehören diese Küchenutensilien in jede Studentenbude, denn schließlich möchtest du dein Schnitzel ja nicht roh essen: Pfanne, Bratpfanne, Kochtopf, Kelle, Schneebesen, Messbecher, Schneidbrett, Messer, Teller und Besteck.
- Zu einer ausgewogenen Ernährung gehört auch regelmäßiges Trinken. 1,5–2 Liter pro Tag sollten es schon sein – alkoholfrei, wohlgemerkt! Am besten stillen Wasser, Tee oder Früchteschorle den Durst.
- Spinat- und Pilzgerichte lassen sich nicht aufbewahren! Diese musst du gut portionieren und, wenn etwas übrig bleibt, leider wegwerfen.
- Vorsicht ist auch bei rohem Fleisch und roh verarbeiteten Eiern geboten! Rohes Fleisch solltest du möglichst rasch verarbeiten oder aber einfrieren, mayonnaisehaltige Gerichte solltest du nicht unnötig in der Wärme herumstehen lassen und auf keinen Fall aufbewahren.
- Wenn du nicht gerne alleine kochst, vereinbare mit deinen Mitbewohnern – oder, wenn du alleine wohnst, mit deinen Kollegen – einmal pro Woche einen gemeinsamen Kochabend. Du wirst sehen, das macht unheimlich Spaß und ihr könnt Tipps austauschen.
- Der Tante-Emma-Laden von nebenan ist zwar praktisch – aber auch ziemlich teuer. Kleinere Einkäufe sind gelegentlich mal drin, auf keinen Fall aber den Großeinkauf dorthin verlegen, sonst wirst du staunen, wie schnell das Geld weg ist!

- Saisonale Früchte und Gemüse sind günstiger und gesünder als die im Januar importierten Erdbeeren.
- Fertigprodukte sind relativ teuer und außerdem ungesund – selber machen lohnt sich!
- Grünen Salat ganz kaufen und nicht geschnitten in Beutel verpackt – das ist nicht nur viel billiger, sondern der Salat ist so auch länger haltbar.

X. Von Turteltäubchen & anderen Vögel(n)

Das Telefon klingelte: Monas große Schwester war dran. Vor lauter Schluchzen und Weinen verstand Mona beinahe nicht, worum es ging. Doch dann wurde ihr schnell klar: Ihre große Schwester war schwanger und völlig verzweifelt. Mona versuchte, sie zu beruhigen, wusste aber selbst nicht so genau, was zu tun war. Sie riet Mina, ihre letzten Prüfungen noch zu machen und das Studium auf jeden Fall abzuschließen. Monas Schwester wollte das Kind behalten, sie konnte sich nicht vorstellen, abzutreiben. Nachdem sich Mina etwas beruhigt und versprochen hatte, mit ihrem Freund darüber zu sprechen, verabschiedeten sie sich. Während der nächsten Tage war Mona völlig durch den Wind, weil sie ständig an ihre Schwester denken musste. Sie sprach auch mit Vinci darüber und wollte wissen, was er in einer solchen Situation machen würde. Ein paar Tage später rief Mina wieder an, und Mona war erleichtert. Mina würde das Studium beenden: Die Eltern waren bereit, das junge Elternpaar finanziell zu unterstützen und sich auch hin und wieder um das Kind zu kümmern. Mama und Papa waren wieder einmal die Retter in der Not!

Dein Studium hat gerade begonnen, du befindest dich in einer neuen Umgebung, vielleicht in einer neuen Stadt oder in einem neuen Land, und kennst womöglich noch nicht so viele Leute. Und hin und wieder, ganz selten – kann es sein? –, fühlst du dich ein wenig einsam. Was wäre da besser, als jemanden zu haben, mit dem du die Sorgen und Freuden teilen kannst? Klingt ja gut und schön, aber wo soll ich ihn oder sie finden, fragst du?

Nichts leichter als das: Du bist jung, willst Spaß haben und hast nicht viel zu tun. Und allen anderen geht es auch so.

Im Folgenden findest du ein paar Do's & Dont's, die dir als Wegweiser in der großen weiten Studenten-Lovelife-Welt dienen können …

Wie ihr euch findet

Vieldeutiger Blickkontakt in der Bibliothek

Im Barock gab es für den wortlosen geheimen Flirt eine Fächersprache – ob das heute in der Bibliothek auch klappt? Inmitten all der Bücher, wo Ablenkung jederzeit willkommen ist? Klar. Was sich auch noch anbietet: Nonverbale Kommunikation um Skype-Smilies erweitern. Diese ganzen Grimassen könntest du nie nachmachen! Scherz beiseite. Die Bibliotheksatmosphäre wirkt nicht gerade anregend, aber man könnte doch zu zweit eine Lernpause einlegen und einen Kaffee trinken …

Fazit: Gut als Ausgangspunkt geeignet

P. S.: Die ganz Gewieften lassen sich von der unerotischen Bibliotheksatmosphäre nicht unterkriegen! Nutz den Zwang, dich ruhig zu verhalten, für dich aus: Frag deine Miss Bib irgendetwas, ganz gleich was. Das Gebot der Stille zwingt dich dazu, ihr ins Ohr zu flüstern. Unauffälliger Körperkontakt (Hand auf die Schulter legen…) inklusive. Und noch ein Tipp: In langweiligen oder angespannten Situationen ziehen auch die dümmsten Witze, zum Beispiel über die Streber um euch herum.

Heißer Flirt beim Gruppentreffen

Gruppenarbeiten sind das Leid der einen, die Freud der anderen. Was die einen falsch und die anderen richtig machen? Sie haben erkannt, dass Gruppenarbeiten die perfekte Möglichkeit sind, potenzielle Bett- äh, Lebenspartner – nein, Gesprächspartner zu finden. Sie merken gleich, wie engagiert der/die andere ist (hüten sich jedoch davor, das allzu direkt auf andere existenziellere Bereiche des Lebens zu übertragen), welche Rolle er/sie bevorzugt (Dominant, Mitläufer etc.) oder wie stressresistent er/sie ist (kann noch ganz wichtig werden). Das kannst du übrigens auch – du wirst sehen, bald freust dich auf deine nächste Gruppenarbeit. Aber nicht vergessen: Ist beiderseitiges Interesse vorhanden, solltest du weitere Annäherungsversuche an einen anderen Ort verlegen. Die Uni ist zum Beschnuppern nicht gut geeignet, da alles an Arbeit erinnert. Für entspannte Gespräche fernab vom Unialltag ist es besser, eine angenehmere Umgebung suchen. Wie wäre es mit einer Einladung in ein nettes Café?

Fazit: Ideal zum Kennenlernen

Wildes Tanzen im Studentenclub ...

Tanzen macht Spaß und kann sehr erotisch sein. Aber auch extrem abturnend – weil man beim Tanzen so gut erahnen kann, wie der andere im Bett wäre. Rhythmusgefühl, Körperspannung, Kraft – das alles erkennst du beim Tanzen. Sich zur Musik zu bewegen, ist also eine Möglichkeit, etwas unglaublich Intimes von sich zu offenbaren, weshalb sich alle katastrophal schlechten Liebhaber zwei Mal überlegen sollten, ob sie sich wirklich auf die Tanzfläche wagen. Für dich gilt jedoch: Tanzen ist Bewegung und somit eine willkommene Abwechslung zum Studienalltag, es entspannt, löst Glückshormone aus und ist außerdem sexy. Gehörst du eher zu den Verkrampfteren, ist ein Tanzkurs ein super Einstieg. Dort kannst du deine Hemmungen ablegen, dich vor Zuschauern zu Musik zu bewegen – und gleich eine/n nette/n Tanzpartner/in kennenlernen.

Fazit: Unbedingt!

... und danach gemeinsam heimgehen

Das ist der klassische Weg: Man begegnet sich in einem Club, kennt sich bereits oder findet sich nett (anzusehen), geht weiter, trifft andere, trinkt etwas, plötzlich stößt man wieder aufeinander, wechselt ein paar Worte, trinkt etwas gemeinsam, geht tanzen, es ist voll und das langsame Lied erfordert es: man tanzt enger, tanzt lange, sehr lange, es wird heiß, zur Abkühlung gibt es noch mehr Alkohol, es wird noch heißer, und irgendwann geht auf einmal das Licht an. Der Club sperrt zu, aber ihr habt noch keine

Lust heimzugehen. Ihr macht euch also auf in einen anderen Schuppen, vermutlich ein wenig heruntergekommener als der erste, es geht weiter: tanzen, trinken, tanzen, trinken, tanzen, knutschen, tanzen, heimgehen (»Zu mir oder dir?«), Kondom nicht vergessen, mäßig viel Spaß haben – Alkohol macht zwar Lust, ist aber bei der Lusterfüllung hinderlich, einschlafen, mit Kopfweh aufwachen, duschen oder gehen, sich fragen: War das notwendig, sich sagen: Ja ja, war schon lustig.

Fazit: Kann man mal machen, muss man aber nicht.

Gespräche auf der WG-Party

WG-Partys sind oft latent langweilig, weil einem wenig geboten wird – du musst dich schon selbst einbringen, um Spaß zu haben und Monotonie zu vermeiden. Andererseits sind diese Partys eine tolle Gelegenheit, neue Leute kennenzulernen, alte Bekanntschaften zu vertiefen und vor allem: ungezwungen Gespräche zu führen. Denn außer trinken – bei Trinkspielen oder einfach so – gibt es nicht viel zu tun. Daher vertreibt man sich die Zeit mit Plaudereien. Oder tiefgründigen Gesprächen. Und alkoholgeschwängertem Philosophieren. Hast du also ein Auge auf jemanden geworfen, solltest du ihn ansprechen – und den anfangs möglichst banalen Smalltalk auf eine tiefere Ebene ziehen. Je ernster die Themen, desto wahrscheinlicher ist es, dass sich keiner in euer Gespräch einmischt, und ihr bleibt unter euch. Irgendwann holt ihr euch etwas aus der Küche, inzwischen ist euer Platz besetzt, ihr müsst euch also ein anderes, ruhigeres Zimmer suchen, um weiter zu diskutieren. Dort macht ihr es euch gemütlich, redet weiter, kommt euch näher. Es wird wahrscheinlich nichts »passieren«, aber ihr habt euch besser kennengelernt und jemanden gefunden, mit dem man »richtig gut reden kann«. Außerdem teilt ihr das stolze Gefühl, euch mit weltbewegenden Themen auseinandergesetzt zu haben, während die anderen nur mit Banalem beschäftigt waren. Darauf kannst du mit Sicherheit aufbauen.

Fazit: Ausgezeichnet!

Liebschaft im Studententheater

Extracurriculare Veranstaltungen und Freizeitaktivitäten eignen sich bestens, um ungezwungen neue Menschen kennenzulernen, mit denen dich nicht nur das Studienfach verbindet, sondern auch ein gemeinsames Hobby. Du hast dabei außerdem die Möglichkeit, völlig neue Seiten an Kommilitonen zu entdecken, die du ihnen wahrscheinlich nie zugetraut hättest. Egal ob Sport, Chor oder Orchester: Zusammen üben, schwitzen, singen und musizieren macht Spaß, schafft gemeinsame Erfahrungen und somit eine Basis für eine sinnliche Beziehung. Besonders zu empfehlen ist das Theaterspielen, denn nicht umsonst haftete dem Theatervolk früher ein verruchter Ruf an. Auf der Bühne (und auch abseits davon) herrscht ein ständiges Spiel mit der Realität und dem Schein. Das ist ein nahrhafter Boden für Zweideutigkeiten, Koketterien und Flirts, und das wiederum führt nicht selten zu Romanzen und Liebeleien oder gar zu Liebe und einer Beziehung.

Fazit: Gut möglich.

Den Märchenprinz im Papierladen finden

So etwas gibt es nur in Hollywoodfilmen, in denen alle Hauptdarsteller umwerfend aussehen, super witzige Sprüche auf Lager und immer spontan Zeit für einen Kaffee haben. Im richtigen Leben ist das anders: Beim Einkaufen und in anderen Alltagssituationen sind wir meistens gestresst, und Liebe auf den ersten Blick wollen wir eigentlich gar nicht. Oder sieht man dem Traummann auf den ersten Blick an, was er alles zu bieten hat? Wie langweilig wäre das! Also noch mal kurz: Zum Schnell-mal-Flirten ist gemeinsames Schlangestehen nicht schlecht. Aber nicht enttäuscht sein, wenn er/sie dir nicht gleich um den Hals fällt – auch du hast wahrscheinlich mehr zu bieten, als man bei einer flüchtigen Begegnung auf den ersten Blick sehen kann...

Fazit: Im echten Leben: Seeehr selten.

Liebeserklärung während der Vorlesung

Egal, ob du gerade an »eine Liebeserklärung während der Vorlesung *machen*« oder an »auf eine Liebeserklärung während der Vorlesung *warten*« gedacht hast – vergiss den Gedanken lieber schnell wieder. Ersteres ist unglaublich unromantisch und meist von Misserfolg gekrönt. Bei Letzterem wirst du vor lauter Warten wahrscheinlich als einer dieser komischen Rentner-Studenten enden. Und »eine Liebeserklärung während der Vorlesung *bekommen*« ist entweder total süß, aber dann ist es bereits um dich geschehen, oder einfach peinlich – das gab es auch schon in der Schule (man erinnere sich an Briefchen mit »Willst du mit mir gehen? Ja/Nein/Vielleicht«, die wir damals schon blöd fanden).

Fazit: Besser nicht.

Alte Beziehung herüberretten

In der Schule habt ihr euch kennen- und lieben gelernt. Doch jetzt ist die Kindheit vorbei, und es beginnt der Spaß des Lebens. Soll die Beziehung fortgeführt werden? »Ja, klar!«, wenn alles gut läuft, aber dann stellt sich die Frage sowieso nicht. Wenn es aber bereits kriselt, dann gilt eindeutig: »Besser nicht«. Ihr werdet beide neue Leute kennenlernen, Neues erleben und die Welt erkunden wollen. Solltet ihr »füreinander bestimmt« sein – das erkennt man daran, dass der Kontakt und das Interesse zu- und aneinander nie ganz abreißen wird – findet ihr wieder zusammen. Aber neben den Schwierigkeiten des Studienbeginns noch eine marode Beziehung zu erhalten, ist nicht sinnvoll. Auch wenn Beziehungen an Problemen wachsen können, ist eine Trennung bei ernsthaften Zweifeln immer die sinnvollere Variante.

Fazit: Nicht verzweifelt probieren.

Studium und Sex-Verzicht

Angeblich gibt es Leute, die meinen, dass Sex und Liebe von der Arbeit ablenken. Glaub ihnen nicht: Die Work-Life-Balance ist wichtig. Küssen, Lieben und Liebemachen schütten Glückshormone aus, halten jung und regen das Immunsystem an. Noch nicht überzeugt? Dann hilft vielleicht folgendes Argument: Mann muss schon früh seine zukünftige Hausfrau, seinen zukünftigen Kinderbetreuer finden, um sich voll und ganz seiner Karriere widmen zu können. Auch nicht? Dann bleibt dir wohl doch nur das zurückgezogene Einsiedlertum mit dem ständigen Hintergedanken, in eine Klosterschule zu wechseln, um nicht doch noch den weltlichen Reizen zu erliegen.

Fazit: Nein! Genieß dein Studium.

Beziehungsweise(n)

Eine Beziehung mit einem Nicht-Studenten

Du findest, Gegensätze ziehen sich an? Beziehungen zwischen Studenten und Nicht-Studenten können sehr erfüllend sein. Ihr beschäftigt euch mit unterschiedlichen Dingen und habt euch dadurch viel zu erzählen. Eure Freundes- und Bekanntenkreise unterscheiden sich, ihr lernt also viele neue Leute kennen. Ihr sammelt unterschiedliche Erfahrungen und könnt so voneinander lernen. Doch diese Unterschiede können auch Probleme verursachen: Wie koordiniert ihr die unterschiedlichen Ferien- und Freizeiten? Schaffst du es, auch abends noch zu lernen, wenn dein/e Freund/in schon Feierabend hat? Hier gilt: Ausprobieren und an der Beziehung arbeiten. Wenn du aber den Eindruck haben solltest, sie erfordere zu viel Energie und schränke dich bei deinem Studium ein, ist es ratsam, die Beziehung zu beenden. (Dein Glück im Unglück: Du wirst deinem Ex-Partner seltener über den Weg laufen, als wenn er auch ein Student wäre.)

Fazit: Ausprobieren.

Eine Beziehung mit einem Kommilitonen

Du verbringst viel Zeit an der Uni und lernst viele Studenten kennen. Du hast die vorangegangenen Tipps beachtet und bist einem Vertreter des anderen Geschlechts nähergekommen. Ihr trefft euch öfter, man sieht euch gemeinsam durch die Uni schlendern, und schon fängt die Gerüchteküche an zu brodeln: »Wer ist denn das?«, »Seid ihr zusammen?«, »Weißt du schon, Mona ist mit Vinci zusammen!«, sind nur einige Beispiele. Aber darüber musst du hinwegsehen. Schließlich gibt es einige Gründe, warum amouröse Beziehungen mit Kommilitonen sinnvoll sind. Ihr habt gemeinsame Interessen, eure Ziele und eure Tagesplanungen sehen ähnlich aus. Freizeit habt ihr beide viel, und wenn ihr fleißig seid, könnt ihr auch gemeinsam lernen. Klingt gut. Ist es auch: Das Argument, man lenke sich vom Studium ab, ist ungerechtfertigt. Alles lenkt vom Studium ab, von der zu waschenden Wäsche über das zu absolvierende Praktikum. Und die Tatsache, dass ihr euch aufgrund eurer Ähnlichkeit langweilen könntet, schadet auch nicht – wer will schon immer streiten …

Fazit: Ja, klar!

Fernbeziehung

Einer der vielen Reize des Studiums ist, dass man unterschiedlichste Leute kennenlernt: Alter, Semester, Nationalität, Hintergrund, Zukunftspläne – das alles gibt genug Stoff für eine Runde Smalltalk, aber auch für Tränen. Denn genau diese Unterschiede führen dazu, dass sich Wege treffen, aber auch wieder trennen. Haben sich in der Zwischenzeit jedoch zwei dieser Wege unzertrennlich verschlungen, kommt es zu einer Zerreißprobe: der Fernbeziehung. Man munkelt, dass Fernbeziehungen höchstens zwei Jahre halten – entweder hat sich das Paar dann getrennt, oder es zieht zusammen. So eng musst du das aber nicht sehen. Eine Fernbeziehung kann richtig toll sein! Was ist das Schöne am Verliebtsein? Dass man vor dem nächsten Treffen Schmetterlinge im Bauch hat, sich vor und bei jedem Date richtig Mühe gibt, damit alles perfekt ist, dass jedes Gespräch unglaublich spannend ist, weil man sich so viel zu erzählen hat. Alltagssorgen und -streitereien gibt es nicht, und auch im Bett ist es jedes Mal wieder aufregend, weil sich noch keine Routine eingeschlichen hat. Und jetzt die Überraschung: Eine Fernbeziehung imitiert ewiges Frisch-Verliebtsein! Es gibt jedoch zwei essenzielle Voraussetzungen für eine funktionierende Fernbeziehung: Geld und Vertrauen. Wieso Geld?

Viele Reisen sind teuer und schlagen sich mit der Zeit auf das Budget (und auch das obligatorische Mitbringsel darfst du nicht vergessen). Das Vertrauen ist aber noch wichtiger. Für Eifersucht ist nämlich einfach kein Platz! Was auch immer man sich ausgemacht hat – Treue, Untreue, aber alles erzählen ... –, es darf kein Zweifel an der beidseitigen Verlässlichkeit bestehen. Seid ihr verliebt, müsst euch aber räumlich trennen, ist das zwar ein Drama, aber kein Weltuntergang. Heute wird es euch besser als zu jeder anderen Zeit gehen: E-Mails, Telefone, Videokonferenzen, Billigflieger – alles wie geschaffen für das Aufrechterhalten einer Fernbeziehung. Und auch dem Studium ist das nicht abträglich: Ihr werdet automatisch lernen, eure Zeit besser einzuteilen – wer schiebt schon Arbeiten auf das Wochenende, wenn der Besuch der Liebsten ansteht? –, und unter der Woche gibt es weniger Ablenkung und Störungen. Praktisch ist eine Fernbeziehung schlussendlich auch noch: wenn man sich mal nicht mehr mag, besucht man sich seltener, und sollte es gar nicht mehr klappen, droht kein ständiges Wiedersehen in der Uni-Mensa.

Fazit: Wenn es sich ergibt ...

Eine Beziehung oder Affäre mit dem Prof

Macht ist attraktiv, Erfahrung und Wissen auch. Wenn du aber denkst, du könntest dem Prof oder der Professorin über die Midlifecrisis hinweghelfen, bist du eindeutig zu anspruchsvoll, und Vorteile bei Prüfungen darfst du dir auch nicht erhoffen. Wozu also eine solche Beziehung anfangen? Sie ist im Allgemeinen negativ konnotiert, und einiges spricht dagegen: Privat bleibt sie kaum – zu ungewöhnlich wird sie den Kommilitonen erscheinen. Die Reaktionen werden unterschiedlich ausfallen und im Rahmen von Eifersucht, Amüsement und Gerede von »Bevorzugung« und »Unfairness« alles beinhalten. Mit natürlicher Akzeptanz ist nicht zu rechen. Probleme bringt auch der Altersunterschied: Bei der Affäre sind es körperliche Alterserscheinungen, die das Zusammensein schwierig machen können, bei der Beziehung unterschiedliche Erwartungen, Gewohnheiten und Lebenskonzeptionen. Wenn du aber dennoch eine Affäre oder Beziehung mit einem Dozenten oder einer Dozentin eingehen willst, weil du dich entgegen aller Vernunft verliebt hast, dann informiere dich in den Universitätsstatuten, -gesetzen oder -reglementen, ob das überhaupt erlaubt ist, ansonsten kann es zu Problemen für euch beide kommen.

Fazit: Muss nicht sein.

Quickie auf der Unitoilette

Ja, aber nur auf geräumigen Toiletten. Die sind geräumig und vermeiden (unfreiwillige) Zeugen.

Fazit: Klar, macht doch Spaß.

Beziehung = Kein Austauschsemester?

Auf keinen Fall sollte man sich die Chance auf ein Auslandssemester entgehen lassen, weil man eine Beziehung führt. Weder solltest du auf die Erfahrung verzichten, noch darfst du deinen Partner davon abhalten oder unter Druck setzen. Eine Fernbeziehung auf Zeit kann sehr gut funktionieren. Im gegenteiligen Fall, wenn der Freund oder die Freundin gegen seinen oder ihren Willen zu Hause bleibt, kommt es irgendwann sicher zum tödlichen Vorwurf: »Du bist schuld, dass ich hiergeblieben bin! Nur deinetwegen habe ich keine Auslandserfahrungen gesammelt und deshalb meinen Traumjob nicht bekommen! Und du bist nicht mal dankbar!« O.k. Das mag übertrieben klingen, aber vielleicht überzeugt dich folgendes Sprichwort: »Was du liebst, lass gehen. Kommt es zurück, bleibt es bei dir. Für immer.«

Fazit: Hier ist Loslassen besser.

Ungewollte Schwangerschaft

Bitte, bitte, bitte IMMER verhüten. Das ist die alte Leier, klar, aber trotzdem: IMMER verhüten. Wenn es sein muss, auch mit der Pille, aber wie du weißt, kann »nur ein Präservativ dich wirksam vor sexuell übertragbaren Krankheiten schützen«. Auch klar: Studenten sind nicht die risikobehaftetste Bevölkerungsgruppe. Du solltest aber trotzdem kein Risiko eingehen.

Falls die Verhütung versagt, weil das Kondom reißt oder der weibliche Part vergessen hat, die Pille zu nehmen, ist das nicht so tragisch, wenn ihr es schnell bemerkt: Die Pille danach hat sich schon oft als Retterin in der Not erwiesen. Sie stellt aber einen schweren Eingriff in den Hormonhaushalt der Frau dar und sollte wirklich nur im äußersten Notfall genommen werden. Sie wirkt bis zu 72 Stunden nach dem Sex und gilt daher als »Notfallverhütung«. In Österreich und in Deutschland bekommt man sie nur auf Rezept, in der Schweiz ist ein ausführliches Gespräch mit dem Apotheker notwendig.

Komplizierter wird es, wenn eine Schwangerschaft feststeht. Der erste Schritt ist schwierig: Ruhe bewahren. Der zweite Schritt ist einfach: Wende dich an eine Beratungsstelle. Der dritte Schritt ist wieder schwierig: Sprich mit deinem Partner und Vertrauten darüber. Für die Herren der Schöpfung gilt nun: Sei für deine Partnerin da, sie wird dich brauchen. Setze sie jedoch keinesfalls unter Druck – sie hat nun eine schwere Entscheidung vor sich, die ihr ganzes Leben – und auch deins – verändern wird. Sie muss sich nun fragen: Was will ich tun? Abtreiben? Austragen? Erziehen? Zur Adoption freigeben?

Eine Abtreibung ist in erster Linie eine Gewissens- und Gesundheitsfrage, aber aus der banalen Studien-Fortsetzungs-Perspektive sicher auf den ersten Blick die einfachere Variante – man kann, oberflächlich betrachtet, das Studium nach dem Eingriff weiterführen, als wäre nichts gewesen. Eine Schwangerschaft muss aber nicht mit dem Studienabbruch der werdenden Mutter einhergehen. Das Baby zu bekommen, ist für Studenten alleine normalerweise unbezahlbar, es gibt aber immer eine Möglichkeit – vielleicht können die Eltern ihre Kinder unterstützen oder sogar für ihr Enkelkind sorgen, bis die frischgebackene Mutter das Studium abgeschlossen hat. Die Entscheidung liegt bei dir, lass dich jedoch so gut und professionell wie möglich unterstützen. Wende dich auf jeden Fall an eine Beratungsstelle und vermeide unüberlegte und vorschnelle Aktionen.

Fazit: Wenn der Kinderwunsch noch nicht übermächtig ist, solltest du es am besten vermeiden bzw. auf die Zeit nach dem Studium verschieben, schwanger zu werden.

Wie ihr euch wieder trennt

Eine Beziehung per SMS beenden
Eine Beziehung per SMS zu beenden, ist genau dann o.k., wenn sie daraus bestand, einander SMS zu schreiben. In allen anderen Fällen ist es unglaublich feig. Und unglaublich unspektakulär. »Wenn schon feig, dann richtig!«, lautet die Devise. Wie wäre es mit einem Abschiedsbrief? Nein, zu langweilig. Oder vielleicht die Zuhilfenahme des Service von schlussmachen.com? »Schluss-mach-Pakete. Hier findet jeder das Richtige. Einfach Schluss machen. Lieb Schluss machen. Böse Schluss machen. Schluss-mach-Abo«? Nein, zu teuer. Oh, das ist es: Du wendest die Ich-hole-nur-kurz-Zigaretten-(und-komme-nie-wieder-zurück-)Methode an. Die hat aber einen Haken, du musst wohl mit einer Vermisstenanzeige und einer polizeilichen Suchaktion rechnen. Sehr spektakulär kann auch Folgendes sein: beim Betrügen erwischen lassen. Dass es dann zu Ende ist, muss jedoch nicht sein. Das sicherste und aufrichtigste Mittel ist also noch immer das klassische klärende und abschließende Gespräch.

Fazit: Old-School bevorzugt.

Lernen + Liebeskummer = ?
Lernen und Liebeskummer vertragen sich nicht. Egal ob es sich um »Lernen trotz Liebeskummers« oder um »Lernen wegen Liebeskummer« handelt. Das ist ja eigentlich auch völlig logisch: zum Lernen brauchst du einen leeren Kopf – du willst ihn ja mit schlauen Dingen füllen. Bei Liebeskummer hast du aber genau das Gegenteil: Du musst IMMER, und immer wieder, und auch wenn du glaubst es schon überwunden zu haben, wirklich noch immer IMMER daran denken, wie schön es doch war, wie schön es doch wäre oder aber was für ein Trottel der andere ist, und was für ein größerer du warst und so weiter. All das muss bedacht werden, und das ist auch gut so! Hast du Liebeskummer, dann leb ihn richtig aus. Heul einen ganzen Tag lang vor Selbstmitleid, bis du dich im Spiegel nicht mehr wiedererkennst und lachen musst, iss so viel Schokolade wie du willst – das kann eine ganze Menge sein, na und? –, verbrenne Voodoo-Puppen und triff dich mit

deinen Freunden, die so tun als ob sie dich verstehen und dich trösten. Aber schluck deine Gefühle auf keinen Fall hinunter, sonst kannst du die Sache nie richtig abschließen und hängst den verflossenen Zeiten auf ewig nach! Deshalb ist auch Lernen keine so gute Idee. Solltest du vor einer großen Prüfung stehen, hast du nur eine Alternative: Du verschiebst den Liebeskummer auf nachher und fokussierst dich wirklich nur aufs Lernen. Das erfordert viel Disziplin und die Selbstbeherrschung eines Shaolin-Mönchs; deine Gedanken werden in jeder unkonzentrierten Sekunde zu dem einen Thema zurückkehren.

Fazit: Liebeskummer beim Lernen = Ganz ganz schlecht

Das Beste zum Schluss: Fazit

Wie auch immer du deine Freundin/deinen Freund gefunden hast oder finden wirst: Eine Beziehung zu meistern ist immer ein Kunststück, egal, ob im Studium oder später. Während des Studiums hast du den Vorteil, dass du flexibler bist und spontaner sein kannst. Die Möglichkeit, die verschiedensten Menschen mit den unterschiedlichsten Interessen kennenzulernen ist ideal, um sich auszuprobieren und sich auf die Suche zu begeben. Es ist garantiert für jeden etwas dabei!

Tipps
- Für den schnellen Spaß wirst du am ehesten in einem Club fündig.
- Den Beziehungspartner kannst du fast überall finden, am wahrscheinlichsten jedoch bei Freizeitaktivitäten.
- Hab Spaß (aber lass dich zu nichts drängen).
- Eine geeignete Verhütung ist immer Pflicht!

XI. Freizeit – oder Wie man die Zeit vertreiben kann

Heute stand Stepp-Aerobic auf Monas Plan. Um sechs traf sie sich mit ihren Mädels im Fitnesscenter der Uni. Das Sportangebot der Uni war riesig, und Mona dachte, dass es nicht schaden könne, einmal ein paar Kurse auszuprobieren. Doch die einzige Sporthose, die sie besaß, war eine knallgrüne, durch oftmaliges Waschen eingegangene Stoffleggins. Mitten im Training hörte Mona plötzlich, wie etwas riss. Die Studentin hinter ihr fing auch schon an zu lachen. Mona  *hatte eine leise Vermutung, was passiert war, und verzog sich schleunigst auf die Toilette. Dort im Spiegel sah sie das Unglück: Die Nähte ihrer Hose hatten dem Druck nachgegeben, und ein großes Loch, durch das man ihre Unterhose sah, klaffte auf ihrem Hintern. Mona ließ Aerobic Aerobic sein, zog sich so schnell sie konnte um und verließ mit hochrotem Kopf die Sportanlagen. Mann, war das peinlich! Nichts wie heim. Hoffentlich wurde sie nun nicht zur Lachnummer der ganzen Uni. Als sie Vinci von dem Missgeschick erzählte, meinte der nur: »Da wär ich auch gern dabei gewesen!« Zum Glück war die Uni so groß, so dass Monas Pech gar nicht erst zum Thema wurde. Doch Mona schwor sich hoch und heilig: Nie mehr Stepp-Aerobic! Dort konnte sie sich auf keinen Fall mehr blicken lassen. Ein anderes Hobby musste also her..*

Das Studium als Vollzeitjob oder doch nur als Hobby? Zwischen Arbeit und Freizeit sollte ein Gleichgewicht bestehen. Aber wie viel Freizeit bleibt bei einem Studium? Kann man immer noch seinen Hobbys nachgehen? Allgemein wird die Meinung vertreten, dass man die Hobbys zum Ausgleich braucht. Und es stimmt wirklich. Das Studium ist nicht das Einzige im Leben.

Nachgefragt: Die Meinung des Experten

Herr Prof. Dr. Seiwert, wie wichtig ist ein Ausgleich durch Freizeitaktivitäten für einen Studenten? Kann eine solche Aktivität bzw. deren Fehlen Einfluss auf die Leistung haben?
Es gibt vier Bereiche (Arbeit, Gesundheit, Beziehungen und Sinn), denen man genügend Zeit widmen soll. Das heißt für einen Studenten, dass er sowohl für gute Studienleistung (Arbeit) als auch in seine Freizeit (Sinn) genügend Zeit investieren soll. Das ist wichtig für die Ausgeglichenheit. Denn dies ist der wesentliche Schlüssel zu beruflichem Erfolg und einem erfüllten Privatleben.

Was würden Sie einem Studenten raten, der vor Studienbeginn sehr viel nebenbei gemacht hat, soll er möglichst viel davon aufhören?
Er sollte sich überlegen, wo seine Prioritäten liegen. Nicht die fehlende Zeit ist das Problem, sondern die ungenügend klaren Prioritäten. Wenn man sich genau überlegt, wo seine Prioritäten liegen, kann man erkennen, was das richtige Maß an Freizeit ist.

Du hast zu wenig Zeit?

Einige Studenten werden immer zu wenig Zeit haben. Das liegt vielleicht an ihrem Studium, vielleicht aber auch an ihrer Organisation. Auf jeden Fall fehlt ständig die Zeit. Zeit, um einem Freund eine Mail zu schreiben. Zeit, um seinem Hobby nachzugehen oder eben Zeit fürs Studium. Gerade wenn einem die Zeit fehlt, ist es speziell schwierig, das Studium und seine Hobbys zu koordinieren. Aber eins ist sicher: Gerade wenn das Studium sehr stressig wird, sind Hobbys zum Ausgleich sehr wichtig. Man braucht auch manchmal eine Gelegenheit zum Abschalten. Wichtig ist dabei jedoch ein Gleichgewicht zu halten. Wenn die Zeit knapp ist, sollte man nicht unnötig Zeit vergeuden. Man soll seine Hobbys einplanen und weiterhin ausüben. Aber immer mit klaren Einschränkungen. Beispielsweise sagst du dir: »Mittwochabend ist Orchesterabend mit Probe, oder zweimal pro Woche gehe ich mit Freunden joggen.« Aber ansonsten ist die Zeit fürs Studium da. Wenn man glaubt den Arbeitsberg nicht mehr bewältigen zu können, nützt es, wenn man ein wenig Abstand hält. Nimm dir dann Zeit für dein Hobby. Mach eine halbe Stunde etwas, das dir gefällt, etwas worauf du Lust hast. Danach wirst du denn nötigen Abstand haben, um den Berg zu überblicken und zu bewältigen. Manchmal kann eine geliebte Freizeitbeschäftigung die fehlende Motivation ankurbeln. All diese Gründe bestätigen, dass du deine Hobbys nicht aufgeben solltest. Es ist einfach wichtig, dass du deine Zeit sorgfältig einteilst.

Du hast zu viel Zeit?

Es gibt auch Studenten, die plötzlich viel Freizeit haben, weil eine wichtige Prüfung hinter ihnen liegt oder ein Kurs, den sie belegen wollten, nicht zustande kommt. Oder einfach, weil sie nicht so viele Vorlesungen haben in der Woche. Klingt gut? Viel Freizeit ist doch toll! Wo liegt das Problem, fragst du dich? Aber zu viel Zeit ist nicht immer einfacher als zu wenig Zeit. Am Anfang mag das ja ganz interessant sein, einfach so in den Tag zu leben. Aber man muss den eigenen Alltag irgendwann auch strukturieren. Und wenn eine Organisation aufgrund von Vorlesungen fehlt, muss man dies selbst in die Hand nehmen. Hier kommen die Freizeitaktivitäten ins Spiel. Sie können sehr hilfreich sein, da sie eine gewisse Struktur in deinen Alltag bringen können. Eine Probe mit dem Orchester oder ein Training mit deinen Sportkumpanen kann dir Fixpunkte im Alltag geben, an denen du dich orientierst. Du hast Eckpunkte, die deine Woche strukturieren. Diese Unternehmungen können auch eine Motivation sein, um am Morgen überhaupt aufzustehen. Steht man nicht lieber auf, wenn man gleich zum Schwimmen verabredet ist, als wenn man zur Vorlesung muss? Und eigentlich macht es ja auch Spaß, wenn du Zeit für dein Hobby hast. Jeder wünscht sich dies doch. Es ist deshalb wichtig, dass du deinen Alltag strukturierst und nicht einfach vor dem Fernseher oder PC sitzt oder dich anderweitig in zu viel Freizeit verlierst. Denn wenn du einen strukturierten Alltag hast und diesen auch mit tollen Hobbys organisierst, wirkt sich das positiv auf dein Lernverhalten aus. Du wirst merken, dass du dich entspannter hinter deine Bücher klemmst.

Die einzelnen Freizeitaktivitäten, die dir als Ablenkung, Ausgleich oder Struktur dienen, können auch noch weitere Vorteile haben. Aber nun etwas genauer.

Sport
Für Sportbegeisterte gibt es oftmals an den Universitäten diverse günstige Angebote. Dies ist deshalb zu empfehlen, weil man in den Kursen Kontakte zu anderen Studierenden knüpfen kann – und dies auf eine sehr ungezwungene Art. Zum anderen belastet es deinen Geldbeutel nicht zu stark. So lernst du Studierende aus allen Semestern kennen, was vielleicht später, wenn du einmal Hilfe brauchst, sehr nützlich sein kann. Zudem hat Sport noch andere Vorteile: Du bleibst fit, deine Kondition geht nicht verloren, und deine Bikinifigur kannst du das ganze Jahr halten. Sport hat aber einen Nachteil. Denn sportliche Betätigung kann Muskelkater oder Verletzungen zur Folge haben. Verstauchst du dir die Hand, kannst du nicht mehr schreiben. Aber bleiben wir beim positiven Denken. Wenn du in deiner Freizeit gerne Sport treibst, dann findest du sicherlich Gleichgesinnte an der Uni. Also nicht warten und rein ins Vergnügen.

Musik
Spielst du ein Instrument, dann hast du hoffentlich bei der Wohnungssuche darauf Rücksicht genommen und kannst nun in deinen eigenen vier Wänden so oft üben, wie du willst. Falls du gern in einem Orchester oder

einer Band spielen würdest, dann informiere dich
gleich zu Beginn des Semesters über deine Möglichkeiten. Viele Universitäten haben ein Orchester,
in dem Studierende spielen. Dort mitzumachen,
ist eine gute Möglichkeit, Gleichgesinnte kennenzulernen. So kannst du ganz einfach Kontakte zu
Studierenden aus höheren Semestern knüpfen,
triffst vielleicht aber auch welche aus deinem Jahrgang.
Diese Freundschaften können dir helfen, wenn du im Studentenalltag zu
ertrinken drohst.

Generell gesehen sind Vereine die beste Möglichkeit, sich schnell an der Universität zu integrieren und zugleich einen Ort zu haben, um abzuschalten.

Die Umgebung erkunden
Nach kurzer Zeit kennst du den Universitätscampus, an dem du dich an den ersten Tagen ständig verlaufen hast. Auch das eigene Wohnquartier wird dir immer vertrauter. Und trotzdem weißt du nicht so genau, wo du hingeraten bist. Ein Tipp: Erkunde einmal einen Samstag lang deine neue Umgebung. Schwing dich aufs Fahrrad, schnall dir die Skates um, hol das Skateboard hervor oder zieh bequeme Schuhe an, und dann geht es los. Wer will, kann sich davor noch einen Stadtplan besorgen, um die Angst vor dem Verlaufen beziehungsweise Verfahren etwas zu dämpfen. Andere ziehen einfach so los. Bei jeder Abzweigung wählst du den Weg, den du noch nicht kennst. Es macht auch nichts, wenn du im Kreis gehst. So kannst du die Umgebung, in der du wohnst, genauer kennenlernen.

Du kannst auch einen Touristentag einplanen. Dazu nimmst du deine Fotokamera, suchst dir einen Stadtplan und gehst los. Besuche die Sehenswürdigkeiten der Stadt und schlendere durch die Gassen der Altstadt, als würdest du ein Wochenende lang hier Ferien machen. So siehst du die Stadt in einem anderen Licht und findest auch neue Plätze, die dir gefallen. Du fragst dich, weshalb du das tun sollst? Es ist nicht so, dass man wirklich wissen muss, wo man lebt. Aber je besser du deine

Umgebung kennst, desto eher findest du einen Platz, an dem du Energie tanken oder in Ruhe lernen kannst. Vielleicht entdeckst du aber auch ein nettes Café, in dem du mit Studienfreunden mal was trinken gehen kannst. Oder ein Lokal, um am Abend wegzugehen.

Freizeittipps für Daheim-Bleiber

Wenn du während des Studiums zu Hause wohnen bleibst, kannst du deinen alten Hobbys in der gewohnten Umgebung nachgehen. Sofern du das noch willst. Auch in deinem Fall können dir Freizeitaktivitäten zu einem geregelten Tagesablauf verhelfen. Da es an allen Universitäten Vereine gibt, bei denen man sich engagieren kann, ist dies eine gute Möglichkeit, mit anderen Studenten außerhalb der Vorlesungszeiten was zu unternehmen und Freundschaften zu schließen. Schau dich um, was an der Uni angeboten wird. So findest du Verbündete für schwierige Zeiten. Ein Problem von Pendlern ist jedoch, dass weniger Freizeit übrig bleibt, da man täglich durch die Hin- und Rückfahrten Zeit verliert. Einigen Hobbys kann man aber auch im Zug nachgehen: Lesen, Musikhören, Vor-Sich-Hin-Träumen und vieles mehr. Achte darauf, dass sich deine Aktivitäten mit den möglichen Zugverbindungen vereinbaren lassen, damit du nicht immer in Eile bist und ein paar Zeitpuffer hast. Auf jeden Fall sollten deine Freunde und die bisherigen Aktivitäten nicht vernachlässigt werden, sondern ein Ausgleich gefunden werden: um neue Freunde an der Uni kennenzulernen, aber dennoch keinen von deinen alten Freunde zu vernachlässigen. Es gilt also Prioritäten zu setzen und allem, was dir wichtig ist, Zeit einzuräumen.

Freizeitaktivitäten als Horizonterweiterung

Freizeitaktivitäten haben oft nichts mit dem Studium und dem zu verarbeitenden Lernstoff zu tun. Nutz die Möglichkeit, auch mal was anderes zu sehen als den Seminarraum, und deinen Horizont zu erweitern. Wenn du sehr aktiv bist, macht sich das außerdem auch gut in deinem Lebenslauf.

Wie schon erwähnt, hast du während des Studiums oft auch die Möglichkeit, viele verschiedene Sportarten auszuprobieren. Nutze diese Möglichkeit, einmal zu machen, was du schon immer machen wolltest.

Freizeitaktivitäten als Zeitfresser

Falls du zu den Studenten gehörst, die viel Zeit vor dem Computer verbringen und stundenlang spielen oder im Internet surfen, dann kennst du ja das Phänomen, dass vor dem Computer die Zeit manchmal einfach so verfliegt. Manche finden aber, dass das Internet nichts Interessantes zu bieten hat und Computerspiele äußerst langweilig sind. Gerade in Zeiten, in denen die Arbeit sich anhäuft, steigt jedoch die Lust, etwas anderes zu tun als das, was man tun muss. Dann ist der Computer oder das Internet plötzlich sehr interessant – auch für die Studenten, die sonst nichts damit anfangen können. Man verbringt nie so viel Zeit auf StudiVZ, Facebook und Ähnlichem wie in solchen Phasen. Denn wenn die Arbeit immer mehr wird und die Lust zum Lernen immer weiter sinkt, dann wird alles, was ablenkt, zur willkommenen Beschäftigung. Wieso nicht einfach diese Ablenkung einbauen? Je länger man wartet, desto mehr steigt der Reiz: Gönn dir eine Pause und koste sie so richtig aus – du hast dich lange danach gesehnt. Aber arbeite danach konsequent weiter!

Das Beste zum Schluss: Fazit

Egal, was du gerne machst: Nimm dir die Zeit für einen Ausgleich. Plane Zeit ein, die nur dir gehört. So hast du auch kein schlechtes Gewissen, wenn du gerade nicht hinter den Büchern sitzt.

Tipps
- Gib deine Hobbys nicht auf, sondern plane sie in deinen neuen Alltag ein.
- Suche Gleichgesinnte an der Uni, mit denen du dich auch in der Freizeit treffen kannst.
- Nimm dir Zeit für dich und spann mal so richtig aus.

XII. Die Schattenseiten des Studiums: Angst und Scheitern

Medizin? Ein Leben lang an Menschen rumschnipseln? Hm ... Physiotherapie wäre es womöglich gewesen. Oder doch Medizin? In ihrem Kopf herrschte ein ständiges Hin und Her. Mona und Ärztin? Diese Kombination schien plötzlich überhaupt nicht mehr zusammenzupassen. Und all die Leute, die immer gleich riefen: »Ah, du studierst Medizin? Muss ganz schön hart sein!« Und während Mona sich oft dachte: »Ja, verdammt, ich kann nicht mehr, es ist manchmal wirklich zu viel«, sagte sie mit einem Lächeln: »Nein, nein, das geht schon, das ist alles halb so wild.« Aber eigentlich war es wahnsinnig wild – wilder als ein wilder Löwe. Aber sie wollte ja bei all den Eseln nicht wie ein Affe dastehen.

Während du noch zur Schule gegangen bist, fand dein Alltag in deiner gewohnten Umgebung statt, ganz nahe von zu Hause, alles war dir vertraut, alles bekannt, und es gab klare Strukturen. Da war die Welt noch in Ordnung – die Klassen waren verhältnismäßig klein, alle Lehrer kannten dich beim Namen und wussten genau, wie du tickst. Pro Semester waren ein paar Arbeiten zu schreiben, und wenn du deine Hausaufgaben einmal vergessen hattest, war das ein Riesending. Abgesehen vom Abitur oder der Matura gab es keine großen Semesterprüfungen. Doch nun wird alles anders, und mit dem Antritt deines Studiums begibst du dich auf unbekanntes Terrain. Du bist sicher voller Elan und kannst es kaum erwarten, dich so richtig im Studienalltag zurechtzufinden, dich einzuleben und einfach dein Leben zu genießen. Für so dumme Wörter wie »Leistungsdruck« und »Depressionen« gibt es in deinen Gedanken im Moment wirklich überhaupt keinen Platz. Das folgende Kapitel ist aber genau für solche Ausnahmesituationen gedacht, in denen mal nicht alles glatt läuft. Vielleicht wunderst du dich darüber, was ein Kapitel über Ängste in einem witzigen Ratgeber für Studenten verloren hat. Uns ist es aber wichtig, auf dieses Thema hinzuweisen. Wenn du es jetzt nicht lesen möchtest, kannst du das Kapitel ja überspringen und später darauf zurückkommen, wenn du dich einmal in einer Situation befindest, in der du denkst, diese Zeilen würden dir guttun. Grundsätzlich ist es ja so, dass du wahrscheinlich noch nie richtig gescheitert bist. Irgendwie konntest du immer dein Ding durchziehen, sonst wärst du ja gar nicht erst hier gelandet, wo du jetzt bist – dieses Buch lesend. Und eigentlich liegt dir nun die Welt zu Füßen. Doch dann, eines Tages, passiert es: Du fliegst das erste Mal auf die Nase. Und zwar so richtig. Und dann heißt es erst mal: Einen kühlen Kopf bewahren!

Studieren ist kein Ponyhof

Manchmal ist die Welt eben nicht in Ordnung und es geht dir so richtig mies. In einer solchen Phase fühlst dich wie *ausgekotzt*, nichts läuft so, wie du willst, du denkst, zu nichts fähig zu sein, und hast das Gefühl, dass alles, was du anpackst, schiefgeht. Studieren ist nicht immer nur schön, nicht immer nur ein Picknick, auch keine Pralinenschachtel und schon gar nicht Friede Freude Eierkuchen. Ein Studium kann einem den letzten Nerv rauben, und trotzdem – irgendwie musst du damit klarkommen. An der Universität ist es wie überall im Leben: Es geht bergauf und bergab. Das bedeutet zwar einerseits, dass du mehr als nur ein Tief im Lauf deines Studiums erleben wirst, es garantiert dir aber auch viele Hochs.

Ist das Studium die richtige Wahl?

Es ist ganz einfach so, dass nicht jeder Mensch für ein Studium geeignet ist. Das soll jetzt auf keinen Fall abwertend klingen. Es geht vielmehr darum, dass es Menschen gibt, deren Begabungen und Fähigkeiten in einem ganz anderen Bereich liegen. Wenn du dein Leben lang nichts anderes werden wolltest als Friseur oder Rockstar, dann bist du an der Uni sicher am falschen Ort. Bist du dir aber eigentlich sicher, dass Studieren das Richtige für dich ist, dann darfst du ruhig mehr Selbstvertrauen haben, denn du bist nicht umsonst so weit gekommen. Also streng dich an, und glaub an dich. Man kommt sehr weit, wenn man sich gut organisiert und nicht ständig an allem und jedem verzweifelt. Auch wenn dein Wille groß ist, kannst du nicht immer alles richtig machen, das liegt nun mal in der Natur des Menschen. Und wenn es gar nicht mehr anders geht, weil dich dein Studienfach oder ein Studium einfach nicht glücklich macht, dann hab den Mut dein Studium abzubrechen. Es bringt weder dir noch deinen Eltern, noch sonst jemandem etwas, wenn du dich fünf Jahre durch Biochemie quälst, dabei unglücklich bist und plötzlich merkst, dass du viel lieber Sport studiert hättest. Mit dem Studium stellst du die Weichen für dein Leben, und du kannst dadurch deine Berufung finden. Die Erfahrung, die du in dem abgebrochenen Studium gesammelt hast, ist niemals umsonst! Im Gegenteil: Sie hilft dir, dich in deinem neuen Studium von Anfang an besser zurechtzufinden.

Hast du das richtige Studium gewählt und fürchtest dich vor der Herausforderung? Hier hilft es, wenn du Kontakt zu Studenten aus den oberen Semestern suchst. Womöglich hatten einige von denen die genau gleichen Gedanken und haben auch daran gezweifelt, dass sie alles erfolgreich unter einen Hut kriegen. Sie werden deine Fragen sicher gerne beantworten und können dir garantiert hilfreiche Tipps geben.

Auch mal rebellieren!

Du musst als Student nicht immer alles hinnehmen und dich nicht allen Anforderungen des Studiums und des Arbeitsmarktes beugen. Sei nicht einfach gehorsam, sondern suche das Gespräch, wenn du mit einer Bewertung eines Professors oder einem Kommentar des Dozenten nicht zufrieden bist. Und noch was: Topnoten zu haben und seine Hobbys so zu wählen, dass künftige Personalchefs beeindruckt sind, einen möglichst lückenlosen Lebenslauf zu präsentieren und schon sehr früh Praxiserfahrung zu sammeln – nun ja, das hat schon was. Aber da draußen werden auch Persönlichkeiten gesucht, interessante Menschen mit Charakter, die etwas erlebt haben. Es muss nicht immer nur gradlinig gehen, du darfst auch mal einen Umweg nehmen. Der bringt dich vielleicht am Ende an ein ganz anderes Ziel – an dem du dich viel wohler fühlst.

Prüfungsangst

Grundsätzlich ist mit der Einführung der Bachelor- und Master-Studiengänge die Anzahl der Prüfungen pro Semester deutlich gestiegen und das Tempo, in dem die Studierenden ihr Wissen unter Beweis stellen müssen, hat sich deutlich beschleunigt. Dazu kommt, dass vielerorts die Bachelorprüfungen mit guten Noten bestanden werden müssen, damit man überhaupt erst zu einem Masterstudiengang zugelassen wird. Diese Prüfungen bringen ganz schön viel Stress mit sich: Magenkrämpfe, zu wenig Schlaf, Schwitzen, Zittern – und dann, während der Prüfung, ist der Kopf plötzlich leer. Falls du an Prüfungsangst leidest, solltest du dir klarmachen, dass jeder Student vor den Prüfungen nervös ist – und zwar wirklich jeder! Das ist auch gut so, denn die Nervosität verschafft dir die nötige Konzentration. Ein kleines Frühstück, genügend Wasser und etwas Traubenzucker – dann kann es losgehen. Wenn du aber merkst, dass deine Nervosität vor Prüfungen dich innerlich so fertig macht, dass du dich gar nicht mehr richtig auf die Prüfung vorbereiten und konzentrieren kannst, dann gibt es z. B. homöopathische Tropfen, die dir helfen, etwas ruhiger zu werden. Lass dich jedoch beraten, welche Mittelchen du vor Prüfungen zu dir nehmen kannst, da einige Medikamente »schläfrige« Nebenwirkungen haben.

Nachgefragt: Die Meinung des Experten

Dr. oec. Haner Ulrich Boesch ist als Studiensekretär der Universität St. Gallen verantwortlich für administrative wie auch persönliche Beratung der Studierenden.

Herr Dr. Boesch, wie sehen Sie die Situation der heutigen Studenten: Hat die psychische Belastung eher zugenommen oder sind Studenten heute einfach nur anfälliger?

Für mich ist auffällig, dass psychische Unregelmäßigkeiten bis hin zu Erkrankungen bei Studierenden zunehmen und die Belastbarkeit immer weiter zurückgeht. Wichtig ist gerade in der heutigen Zeit, dass man zu sich selbst ehrlich ist. Eine saubere Selbst- und Fremdanalyse verhindert Selbstüberschätzung. Man muss sich auch fragen: Bin ich überhaupt für dieses Studium oder für dieses Fach geeignet? Auch wenn etwas sehr interessant ist, muss man sich vielleicht eingestehen und sich selbst gegenüber zugeben: Ja, es spricht mich zwar sehr an, aber es ist nicht das, was ich suche oder was mich auf die Dauer zufriedenstellt!

Ist es normal, dass man vor Prüfungen aufgeregt ist und auch mal Angst hat, zu versagen?

Im Bezug auf die Ängste, die einen quälen, muss man sich fragen: Warum habe ich diese Ängste? Und eines ist sicher: Eine gewisse Angst darf oder muss sogar auch sein! Sonst stimmt etwas nicht. Selbst die besten Studierenden sind vor großen Prüfungen aufgeregt. Es ist nur allzu menschlich, vor gewichtigen Aufgaben oder Ereignissen nervös zu sein. Und falsch wäre, dies vollends zu verstecken bzw. abzustreiten.

Welchen Tipp wollen Sie den Studenten da draußen mit auf den Weg geben?

Grundsätzlich ist es doch so, dass man Dinge – egal, was sie auch immer sind – richtig machen und auch voll dahinter stehen soll. Auch wenn man einmal »versagt«, ist das nicht so tragisch: Wichtig ist, dass man sein Versagen bzw. seine Fehler zugeben und diese entsprechend analysieren kann. Inwiefern unsere engere und weitere Gesellschaft allerdings Versagen und Fehler erlaubt, ist eine andere Frage. Zudem rate ich Studierenden grundsätzlich, sich auch bewusst Zeit zu nehmen für sich selbst. Ebenso ist die Einsicht wichtig, dass Studieren ein häufig »einsames Geschäft« ist und deshalb voraussetzt, dass man auch alleine arbeiten kann, wenn ich z.B. ans Verfassen von Studienarbeiten oder an die Prüfungsvorbereitungen denke. Und letztlich soll man sich zeitliche Freiräume zur Entspannung irgendwelcher Art zugestehen, dies kann von Waldspaziergängen über Sport bis hin zu meditativen Entspannungsübungen wie Yoga reichen, dies trägt zur persönlichen Stärkung sehr viel bei (solange sie nicht fanatisch und bis zum Exzess betrieben werden).

Studenten trinken manchmal zu viel vom Falschen

Durch den ganzen Stress mit den Semesterprüfungen, all den Hausarbeiten und den vielen Vorlesungen kommen manche Studenten auf eine heikle Idee, um vor dem Alltag und dem ganzen Stress zu flüchten: Warum die Probleme und Sorgen nicht einfach in Alkohol ertränken? Sich zu betrinken, wird wie eine Flucht in eine andere Welt empfunden, in der alles so viel harmloser und weit weg erscheint. Studien zufolge gibt es viele Studierende an deutschen, österreichischen und Schweizer Unis, deren Trinkverhalten als problematisch bezeichnet werden muss. Aus Amerika kennt man dieses Problem ja schon lange, man denke da an die legendären Spring-Break-Ferien oder an all die Home-Partys! Warum aber schauen immer mehr Studenten auch bei uns zu oft und vor allem zu tief ins Glas?

Man kann es nicht leugnen: Studieren ist nicht immer nur ein Zuckerschlecken. Und manchmal kommt sehr viel zusammen: Probleme mit den Eltern, Stress und Zoff mit dem oder der Liebsten, nicht genügend Zeit für die Freunde, überzogene Ansprüche, Prüfungsangst, finanzielle Probleme, Erwartungsdruck und so weiter. Und dann, nach einem schrecklichen Montag, einem total verhauenen Dienstag, einem miserablen Mittwoch, einem peinlichen Donnerstag und einem wahnsinnig anstrengenden Freitag, kommt endlich der »Ich-will-mit-Freunden-Spass-haben-und-mir-die-Birne-füllen-Samstag« und der »Ich-will-nach-diesem-Kater-unbedingt-ausschlafen-Sonntag«. Doch was, wenn es plötzlich nicht mehr nur der Samstag ist, an dem man zur Flasche greift, sondern auch der Mittwoch, der Donnerstag usw.? Vielleicht fällt es dir zuerst gar nicht auf, doch wenn du dich sehr oft betrinkst, wirst du immer mehr Schwierigkeiten dabei haben, das Studium und dein ganzes Leben auf die Reihe zu kriegen. Lass nicht zu, dass es so weit kommt. Falls du jedoch merkst, dass dein Alkoholkonsum eine gewisse Grenze überschritten hat, solltest du sofort etwas unternehmen, denn das ist kein gesunder Lebensstil und du zerstörst deine Gesundheit – und zwar für immer. Doch was heißt überhaupt *die Grenze überschreiten*? Was heißt *zu viel trinken*? Entscheidend sind Häufigkeit und Menge des Alkoholkonsums. Trinkst du gerne am Wochenende deine Bierchen mit den Kumpels, dann ist das ganz klar o.k. Auch unter der Woche mal ein Glas Wein zum Essen oder ein Drink in der Bar schadet niemandem. Doch es ist nicht mehr gesund, wenn man jeden zweiten Abend so viel trinkt, dass man am nächsten Morgen noch in den Kleidern vom Vorabend im Bett erwacht, die ersten vier Stunden Vorlesung verschläft (wie schon die Tage davor) und erneut zu spät zur Arbeit kommt. Dann musst du deine Gewohnheiten ändern, denn wahrscheinlich steckt was anderes dahinter, warum du andauernd vor der Realität in eine Welt flüchten willst, die nicht existiert, und ein Mensch sein möchtest, der du eigentlich gar nicht bist. Suche dir unbedingt professionelle Hilfe und werde dir bewusst darüber, was dich zu diesem Verhalten treibt. Denn nur so ist es möglich, etwas an der Situation zu ändern – was, wenn du ganz ehrlich mit dir bist, du ja eigentlich im Inneren auch willst – bevor es zu spät ist.

Psychische Probleme

Während mehr männliche als weibliche Studierende zu viel Alkohol konsumieren, leiden fast doppelt so viele Frauen wie Männer an psychischen Problemen. Stress und Druck des Studiums schlagen sich also tendenziell unterschiedlich nieder. Männer versuchen eher, der Realität durch Alkohol zu entfliehen, während Frauen überwiegend mit der psychischen Belastung kämpfen. Es ist nicht immer einfach, nach außen das Bild einer perfekt organisierten und klugen Studentin aufrechtzuerhalten und den Ansprüchen der Professoren, der Eltern – und nicht zuletzt von dir selbst – gerecht zu werden. Alles fängt irgendwie harmlos an: Zuerst schämst du dich, deine Probleme (egal welche) überhaupt erst zuzugeben. Schließlich ist dein Umfeld perfekt, alle anderen machen keine Fehler und kommen sowieso mit allem klar. Vielleicht trauen sie sich aber nur nicht (genau wie du!), zuzugeben, wie es wirklich in ihrem Inneren aussieht und was in ihnen vorgeht, und sie ziehen sich zurück. Viele Studenten bauen eine Fassade auf und verstecken ihre Probleme dahinter. Daher bemerken oft auch ihre besten Freunde nicht, was sie wirklich empfinden. Und das kann über Jahre so gehen. Doch eines Tages reicht dann eine Kleinigkeit, nur ein dummer Kommentar oder ein kleiner Zwischenfall, und du meinst, die ganze Welt bricht zusammen. Du bist wütend, aber du weißt nicht, worüber. Du fängst an zu weinen, und hast keine Ahnung warum überhaupt. Du rastest aus wegen einer Kleinigkeit und beschimpfst jemanden, der gar nichts dafür kann. Oder du ziehst dich zurück und willst einfach nur alleine sein, am besten für das ganze nächste Jahr. Darum hier ein kleiner Tipp: Denk niemals, dass du die/der Einzige bist, die/der dieses eine bestimmte Problem hat. Da draußen sind hunderte andere Studenten, von denen einige mit sehr großer Wahrscheinlichkeit genau die gleichen Sorgen mit sich herumtragen wie du. Nur sprecht ihr alle nicht darüber. Und das ist genau der Punkt, an dem du etwas ändern kannst: Geteiltes Leid ist halbes Leid. Das mag dir jetzt außerordentlich besserwisserisch erscheinen, doch es ist wirklich was dran: Rede mit deinen Freunden oder deiner Familie. Falls du lieber mit einem professionellen Berater über deine Ängste und Sorgen sprechen möchtest, vor allem dann, wenn es dir über längere Zeit schlechter geht, dann tu das! Es ist meist sehr hilfreich, mit einer außenstehenden neutralen Person über alles zu reden, und du wirst sehen, es wird dir bessergehen! Vielleicht nicht sofort, es braucht sicherlich seine Zeit. Hilfe findest du beim psychologischen Beratungsdienst deiner Uni oder bei einem professionellen Psychologen oder Psychiater. Und jetzt erschrick nicht gleich beim Wort »Psychiater«. Das heißt nicht, dass du geistesgestört bist oder psychisch krank. Der Psychiater ist nur ein Außenstehender, der dir zuhört und bei dem du über alles sprechen kannst. Wichtig ist immer, dass du dich auf keinen Fall für deine Probleme schämst. Aber du solltest etwas unternehmen, um sie zu lösen.

Study-Life-Balance

Damit du gar nicht erst unter Druck gerätst und in Verzweiflung versinkst, ist es unglaublich wichtig, dass du den (für dich) richtigen und gesunden Ausgleich zwischen Studium, Arbeit und Freizeit findest. Das ist meist schwieriger, als du es dir jetzt vielleicht vorstellst. Natürlich hängt deine Study-Life-Balance auch sehr von deinem Studienfach ab, denn nicht jedes Studium ist gleich zeitintensiv und kompliziert. Im Allgemeinen ist es aber so, dass du akzeptieren musst, dass meistens nicht alles auf einmal geht: Man kann nicht Topleistungen an der Uni erwarten, wenn man die ganze Woche nur Party macht, 20 Stunden pro Woche im Fitnesscenter sitzt oder mit Kumpels in der Kneipe oder im Park rumhängt und dadurch keine Zeit hat zum Lernen. Andererseits wird es dich auch langfristig nicht sehr glücklich machen, von Montag bis Samstag in der Bibliothek zu sitzen und irgendwelche dicken Schmöker zu wälzen – von morgens um 7 Uhr bis abends um 22 Uhr, versteht sich. Und am Sonntag, da versteckst du dich in deinem Zimmer und hoffst, dass sich ja niemand bei dir meldet und dich stört, da du ja lernen musst. Das geht vielleicht ein Weilchen gut, deine Leistungen verbessern sich womöglich auch vorübergehend, doch spätestens nach ein paar Monaten hast du den Spaß an deinem Studium komplett verloren! Und Studieren soll man ja in einem gewissen Maße auch zum eigenen Vergnügen. Das bedeutet jetzt nicht, dass jeder erwartet, dass du gleich einen Freudetanz aufführen sollst, nur weil du in einer Vorlesung sitzt. Doch dass dir das Studium zumindest ein wenig Freude bereitet, ist unglaublich wichtig. Denn schließlich kannst du nun, nach so vielen Jahren Schulbankdrücken, endlich das studieren, was dich glücklich macht.

Studenten und Burnout

Es wird immer wieder Momente während deines Studiums geben, in denen dir alles zu viel wird und du überhaupt nicht mehr weißt, wie es weitergehen soll. Du siehst vor lauter Bäumen den Wald nicht mehr und möchtest am liebsten alles hinschmeißen. Doch ab wann wird es kritisch, und ab wann genau spricht man von einem Burnout-Syndrom? Es handelt sich beim Burnout, wie es das Wort schon sagt, um eine gewisse Ausgebranntheit. Man könnte auch sagen Frustration oder Überbelastung. Grundsätzlich will man einfach »zu viel auf einmal«. Man ist zu ehrgeizig. Zu gewissenhaft. Von Burnouts sind meistens Personen betroffen, an die von außen sehr hohe Ansprüche gestellt werden, die nicht gut Nein sagen können und die bereit sind, viel zu leisten und sich zu engagieren. Und dann, auf einmal, wird plötzlich einfach alles zu viel. Ein Burnout-Syndrom kann sich ganz verschieden äußern, meist aber sind die betroffenen Studenten körperlich wie auch geistig sehr erschöpft und niedergeschlagen, sie haben Schwierigkeiten, sich zu erholen und können kaum noch abschalten. Andere Symptome wie Schlafstörungen, Versagensängste, Panikattacken, Konzentrationsschwächen, Schuldgefühle, Kopfschmerzen oder Magenkrämpfen können sich ebenfalls bemerkbar machen. Dabei können die Symptome durchaus individuell verschieden sein.

Wenn du merkst, dass es dir schlechtgeht und typische Burnout-Symptome auftreten, solltest du am besten professionelle Hilfe als Unterstützung hinzuziehen. Sind dir die Symptome erst seit kurzer Zeit aufgefallen und du fühlst dich grundsätzlich noch in der Lage, selber etwas an dem Zustand zu ändern, dann widme deine Aufmerksamkeit anderen Dingen als dem Stress- und Belastungsbereich: Finde einen Sport, der dich glücklich macht, hör deine Lieblingsmusik, während du eine Zeitschrift liest, geh mit Freunden weg und genieße die kleinen Dinge des Lebens. Halte auch mal Abstand zur Uni und werde dir wieder bewusst darüber, was wirklich zählt im Leben. Klar, das Studium hat sicherlich Vorrang vor vielen anderen Sachen, doch niemals vor deiner Gesundheit und deinem Wohlergehen. Gib Acht auf dich und nimm dir Zeit zum Erholen, setz dir selbst realistische Ziele, damit du dich in Zukunft nicht wieder unnötig überforderst. Und zum Schluss noch ganz wichtig: Akzeptiere deine Grenzen! Die Welt geht nicht unter, wenn du Aufgaben auch mal an andere weitergibst

Ein kleiner Exkurs zum Nachdenken: Hirndoping statt Büffeln

Wenn man an dem Punkt angelangt ist, an dem einem alles zu viel wird und man nicht mehr weiß, wie es weitergehen soll, wäre es dann nicht unglaublich schön, wenn man eine kleine Tablette schlucken könnte, die einem helfen würde, das Ganze relaxt zu meistern? Hier ein kleines Szenario: »Pille schlucken. Zehn Minuten später ist Wirkung spürbar. Nimm ein Buch von 350 Seiten und lies es durch. Du wirst schneller sein als je zuvor und dich den Rest deines Lebens wortwörtlich an das Gelesene erinnern. Viel Spaß!« Wer weiß, vielleicht sieht die Packungsbeilage der Zukunft so aus. Doch heute ist das ganz klar noch Fiktion. Und das ist auch ganz gut so.

Neurobiologen prophezeien zwar, dass es in der Zukunft möglich sein wird, durch die gezielte Einnahme von Pillen die Fähigkeit zu verstärken, bestimmte Inhalte ins Langzeitgedächtnis einzurichtern, so dass man den Lernstoff nicht mehr so häufig wiederholen muss. Klar, das hört sich vorerst ganz cool an, doch das kann verheerende Folgen haben. Die

Wahrheit ist leider, dass schon jetzt immer mehr völlig gesunde Studenten zu Medikamenten greifen, um den Anforderungen der heutigen Leistungsgesellschaft gerecht zu werden. Es handelt sich dabei vorwiegend um leistungssteigernde Medikamente, die eigentlich zum Beispiel Alzheimer- oder Parkinson-Patienten verschrieben werden. Experten nennen diese Mittel »Neuro-Verstärker«. Und wir: Hirndoping

Zuerst wollen wir dich kurz daran erinnern, was überhaupt beim Lernen in deinem Gehirn geschieht: Gesteuert durch Botenstoffe (wie Dopamin oder Serotonin) werden Signale an die Gehirnzellen übertragen. Das hört sich jetzt sehr banal an, was es natürlich nicht ist. Hirnforscher versuchen nun, diese Botenstoffe, welche die Signale übertragen, zu verstärken und dadurch das Nachwachsen von neuen Verbindungen zu fördern. Problematisch ist aber, dass diese Medikamente, die ursprünglich zur Bekämpfung einer Krankheit gedacht sind, nur bei Patienten mit einem bestimmten Krankheitsbild geprüft wurden. Und für diese Gruppe von Patienten ist belegt, dass die Medikamente helfen und ihren Zustand verbessern. Was aber passiert mit gesunden Studenten, die diese Medikamente konsumieren? Genau das weiß heute noch niemand so genau. Und genau aus diesem Grund ist definitiv davon abzuraten, ohne Wenn und Aber, als gesunder Mensch solche Medikamente als Wachmacher oder Konzentrationsförderer zu konsumieren. Hast du auch nur ein Funken Hirn im Kopf, lässt du dich prinzipiell gar nicht erst auf so einen Blödsinn ein. Ein anderer Trend ist es, sogenannte »Glückspillen« zu schlucken. Dabei handelt es sich um Antidepressiva, die sehr einfach zu bekommen sind. Doch gerade hier warnen Experten vor Nebenwirkungen wie Kopfschmerzen, Appetitlosigkeit, Durchfall, sexuellen Störungen und Übelkeit. Andere derartige Medikamente können sogar zu Hautausschlägen, Angstzuständen, Manien, Halluzinationen und Selbstmordgedanken führen. Und nicht selten halten diese Nebenwirkungen über längere Zeit, wenn auch in geringerem Maße, an. Also stell dir vor: Durch die Einnahme würde sich deine Konzentrationsfähigkeit vielleicht minimal verbessern. Und der Preis dafür: Erektionsstörung und Ausschlag übers ganze Gesicht. Jetzt kannst du selbst abwägen und entscheiden.

Und das kommt noch dazu: Solche konzentrationsfördernden und leistungssteigernden Medikamente (wie z. B. Mittel, die normalerweise zur Behandlung von Aufmerksamkeits- und Hyperaktivitätsstörungen eingesetzt werden) entfalten ihre Wirkung eigentlich nur bei Studenten mit einem ohnehin schon niedrigeren Leistungsniveau. Bei intelligenten und leistungsstarken Studenten besteht sogar die Gefahr, dass die Einnahme solcher Mittel zu Leistungseinbußen führt. Darum, wenn du dich auch nur für ein klein wenig intelligent hälst, lässt du die Finger von all den Medikamenten. Der Einsatz solcher Pillen ist nämlich auch unter rechtlichen, moralischen und ethischen Gesichtspunkten sehr fragwürdig. Es könnte nämlich so weit kommen, dass man diese Medikamente schlucken muss, um überhaupt noch mit anderen Studenten mithalten zu können.

Sei dir bewusst: Unser Gehirn ist durchaus fähig, die Botenstoffe, die durch die Medikamente künstlich verstärkt werden, auf natürlichem Wege zu erhöhen. Du solltest wissen, dass du auch auf natürlichem Wege deine Konzentrationsfähigkeit und dein Leistungsniveau verbessern kannst: Ein abwechslungsreiches Leben führen, viel Bewegungsfreiheit und interessante und anregende Freundschaften pflegen – das wirkt sich sehr positiv auf deine Leistungen und deine Konzentration aus. Auch wenn du dich anstrengst, körperlich aktiv wirst oder sehr gestresst bist, bringt dein Hirn Höchstleistung.

Schlussendlich ist es doch so: Büffeln muss man am Ende immer noch selbst. Koffein und Zucker sollten vorerst reichen, dir über die Runden zu helfen. Also: Finger weg von diesen Mittelchen, du bist dir zu viel wert! Pass gut auf dich auf und zerstör deine Gesundheit nicht.

Das Beste zum Schluss: Fazit

Manchmal ist es eben nicht getan mit: »Organisiere dich besser« oder »Mach einen Yoga-Kurs«. Wenn du merkst, dass du Hilfe brauchst (und das muss man sich unbedingt auch selbst eingestehen können!), dann kannst du dich bei Alkoholproblemen an das Blaue Kreuz wenden. Im Internet findest du mehr Informationen unter :

Deutschland: www.blaues-kreuz.de
Österreich: www.blaueskreuz.at
Schweiz: www.blaueskreuz.ch

Scheitern tut weh, doch es gehört zum Leben. Und Scheitern bedeutet nicht, seine Ziele nicht zu erreichen. Vielleicht ist man nur gerade auf einem Umweg und findet dann einen Neubeginn. Es ist eine wichtige Erfahrung im Leben, auf die Nase zu fallen. Du solltest das Ganze auch positiv sehen und versuchen, aus der Krise und den Rückschlägen neue Kraft zu schöpfen, nach dem Motto: Scheitern, wieder aufstehen und es nochmals versuchen. Wieder scheitern. Aber besser scheitern.

Tipps:
- Die richtige Ernährung, Sport, soziale Kontakte und genug Schlaf – diese Kombination macht dich langfristig stark für dein Studium.
- Der Leistungsdruck wird umso größer, je mehr du nach Perfektion strebst und je exakter du die Arbeit erledigen willst. Darum: Sei auch einmal mit dem Geleisteten zufrieden.
- Studieren bis zum Umfallen ist ganz sicher keine Lösung. Du musst deine persönlichen Grenzen akzeptieren.
- Falls du dir nicht sicher bist, ob dein gewähltes Studium das Richtige für dich ist, dann lass dir von einem professionellen Studienberater helfen.
- Bei übermäßigem Alkoholkonsum oder psychischen Problemen solltest du so schnell wie möglich mit deinen Freunden oder deiner Familie sprechen. Such dir unbedingt professionelle Hilfe.

XIII. Die richtigen Fäden ziehen: Netzwerke

Monas Mitbewohner suchte eine Aushilfsstelle in einem Krankenhaus. Doch das Ganze gestaltete sich enorm schwierig und wollte einfach nicht recht klappen. Als Mona ihrem Onkel, der selbst Arzt war, davon erzählte, war er nicht überrascht. Er erklärte ihr, dass es eben viel Durchhaltevermögen und einen starken Willen brauchte, um eine solche Stelle zu finden – und dass ein bisschen Vitamin B auch nicht schadete. Mona wusste nicht, was sie nun ihrem Mitbewohner sagen sollte. Doch ihr Onkel machte zwei Telefonate und gab ihr dann eine Adresse, an die Monas Mitbewohner sich wenden konnte. »Wichtig ist, dass du den Namen meines Onkels erwähnst, damit die auch wissen, von wem du die Adresse hast. Außerdem hat mein Onkel schon angedeutet, dass du dich da melden wirst. Also null Problemo, du musst unbedingt anrufen!«, meinte Mona. So kam ihr Mitbewohner über den Kumpel des Kumpels des Onkels von Mona zu einer Aushilfsstelle in einem Spital. Völlig begeistert von Monas Hilfe, lud er sie von seinem ersten Lohn zum Essen ein. Beim Gespräch merkte er, dass Mona

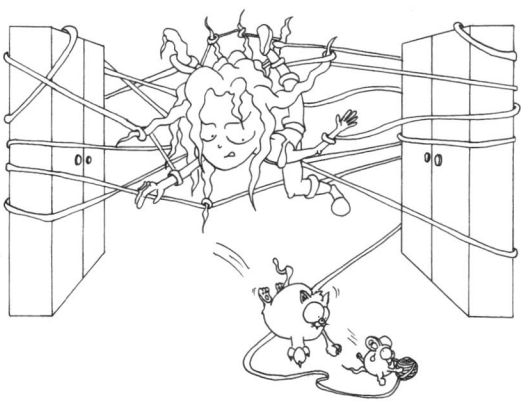

noch einige Unterlagen für einen Kurs fehlten und bot ihr sofort an, ihr diese Unterlagen zu geben. Es sei ja schließlich ein Geben und Nehmen, auch wenn er ihr verhältnismäßig nur wenig helfen könne, sagte er. Gut gelaunt verbrachten sie noch einen gemütlichen Abend.

Dieses Kapitel ist für jene, die sich eine vielversprechende Zukunft aufbauen und Karriere machen wollen. Falls du vorhast, deine Studienzeit vor der Flimmerkiste zu verbringen, musst du es nicht unbedingt lesen – es schadet aber auch nicht. Wie wichtig einem die Karriere ist, muss jeder mit sich selbst ausmachen. Um im Berufsleben Fuß zu fassen, ist es sehr hilfreich, wenn man bereits ein Netzwerk aufgebaut hat. Dieses Netzwerk kann dir natürlich schon während deiner Studienzeit behilflich sein: Über Freunde und Bekannte kommst zu Informationen oder angelst dir eine besonders attraktiven Nebenjob.

Warum Netzwerke wichtig sind

Unsere Gesellschaft ist sehr bürokratisch organisiert, und es gibt ein Überangebot an Informationen. Netzwerke können dabei helfen, Hierarchien zu übergehen und an die richtigen Informationen zu kommen. Ein Netzwerk funktioniert auf mehreren Ebenen: Man kann es dazu benutzen, Geschäfte einzufädeln, vorzubereiten und durchzuführen, Informationen zu erhalten und um seine eigenen sozialen Bedürfnisse zu pflegen. Netzwerke dienen nicht nur der Karriereförderung, sondern auch dem sozialen Austausch. Die verschiedenen Formen von Netzwerken werden hier kurz vorgestellt.

Familie
Es gibt ein Netzwerk, das jeder Mensch in die Wiege gelegt bekommt: die Familie. Dabei werden die Erfolgschancen schon entscheidend festgelegt: Je nach Reichtum und Erfolg der Familie ist es verhältnismäßig ein-

fach, einen bestimmten Status quo zu erhalten. Zudem sind die Eltern meist schon vernetzt. Vor allem in besser gestellten Familien ist dieses Netzwerk besonders ausgeprägt, und die Kinder lernen früh, wie man sich in bestimmten Kreisen zu verhalten hat. Was man aus diesen Kontakten macht, hängt aber zum Großteil von einem selbst ab. Wichtig ist, dass man sich auf seine Familienmitglieder verlassen kann. Es heißt nicht umsonst, dass Blut dicker ist als Wasser, Der Rückhalt, den die Familie gibt, ist von großer Bedeutung. Clan-Strukturen, wie man sie in anderen Teilen der Erde noch kennt, sind hierzulande weniger üblich, dennoch ist eine Familie eine wichtige soziale Einheit – vor allem in schwierigen Situationen.

Vetternwirtschaft

Während man in einer Familie einfach aufeinander aufpasst, geht die Vetternwirtschaft darüber hinaus. In einer Vetternwirtschaft wird dafür gesorgt, dass bestimmte Personen an Positionen sitzen, die einem Einfluss und Geld sichern. Die Vetternwirtschaft ist eine sehr archaische Form der gesellschaftlichen Organisation und auch heute noch in einigen Ländern stark ausgeprägt. Bei uns ist der Begriff jedoch stark negativ besetzt, da durch die Vetternwirtschaft oft Leute an Positionen gekommen sind, die nicht über die nötigen Qualifikationen verfügt und dementsprechend die ihnen übertragene Aufgabe in den Sand gesetzt haben. Auch wenn es in unseren Breiten heute noch so etwas Ähnliches wie Vetternwirtschaft gibt, so verwendet man meist andere Begriffe dafür.

Vitamin B

Vitamin B ist eine schwächere Variante der Vetternwirtschaft. Es bezeichnet die Vorteile, die einem daraus erwachsen, andere Personen zu kennen und zu diesen eine persönliche Beziehung aufgebaut zu haben. Der Begriff Vitamin B ist dem der Vetternwirtschaft sehr ähnlich, kann aber viel pauschaler verwendet werden. Oft gilt einfach der Grundsatz: »Du, ich kenne da jemanden, der jemanden kennt, der könnte dir weiterhelfen.«

Seilschaften

Der Begriff der Seilschaften stammt aus der Bergsteigersprache und bezeichnet eine Klettergruppe, die durch ein Seil gesichert einen Gipfel erklimmen will. Diese Metapher wird mittlerweile auch verwendet, um Gruppen zu bezeichnen, deren Mitglieder sich gegenseitig bei ihrer Karriere unterstützen. Aufgrund von Emporkömmlingen und einiger schlechter Beispiele bei Firmenkrisen hat dieser Begriff einen negativen Touch erhalten.

Netzwerke

Der neutrale Überbegriff »soziales Netzwerk« bezeichnet das eigene Portfolio an persönlichen Kontakten. Diese hat man sich meist über die Jahre aufgebaut. Viele Menschen erhoffen sich von ihren Netzwerken Vorteile im späteren Leben, sei es Unterstützung und Hilfe in schlechteren Zeiten oder einfach nur Informationsvorsprünge gegenüber Konkurrenten. Netzwerke dienen auch der Pflege von Freundschaften und dem sozialen Austausch. Sie gewinnen als Organisationsformen der heutigen Gesellschaft wieder an Bedeutung, vor allem wegen ihrer effizienten Funktionsweise. Waren früher lange Distanzen, schwierige Kommunikation und Unsicherheiten ausschlaggebend für Netzwerke, so ist es heute die komplexe Welt. Denn wer über ein gutes Netzwerk verfügt, kann sich Informationen direkt beschaffen, ohne lange suchen zu müssen. Dies kann einem auch einen zeitlichen Vorsprung bringen.

Web 2.0

Unter *Web 2.0* versteht man den Trend, sich im Internet zu organisieren. Über die sogenannte *Social Software* tauschen sich Millionen von Menschen über *Weblogs, Wikis* oder *Social Network Sites* aus und pflegen ihre Kontakte. Das Internet macht es möglich, sein Netzwerk auch über geografische Distanzen zu pflegen. Gerade auf den *Social Network Sites* kann man sein Netzwerk oder zumindest einen Teil davon darstellen lassen, so dass für andere sichtbar wird, welche Leute man kennt. Nun ist es aber auch so, dass die Intensität der Bekanntschaft nicht dargestellt wird, es kann also auch sein, dass man mit Leuten, die man nur sehr flüchtig kennt, verbunden ist. Solche flüchtigen Bekanntschaften sollte man nicht überschätzen. Aber es kann ja nie schaden, einen Fremdenführer in einer anderen Stadt zu haben.

Begriffschaos
Wie das eigene Netzwerk eingestuft wird, kommt auf das Umfeld an, in dem man sich bewegt. Je enger die Beziehung zwischen den Personen in einem Netzwerk ist, desto eher sind diese auch bereit, etwas füreinander zu tun.

Je nachdem, wie ein Netzwerk genutzt wird, ist der entsprechende Output nach außen sichtbar. Personen, die nicht über ein vergleichbar vorteilhaftes Netzwerk verfügen, reagieren meist neidisch und beschreiben dann dieses Netzwerk mit einem negativ belasteten Begriff.

Damit man die Förderung des Netzwerks auch wirklich verdient, muss man in jedem Fall eine gewisse Gegenleistung erbringen – das schützt einen vielleicht nicht vor Neid, gibt einem aber ein gutes Argument gegen ungerechtfertigte Vorwürfe an die Hand.

Was können Netzwerke?

Netzwerke bestehen aus Menschen, die man kennt. Die zwischenmenschliche Interaktion ist also extrem wichtig. Ein Netzwerk kann aus freundschaftlichen, aber auch professionellen Beziehungen entstehen. Und es ist enorm wichtig, den Kontakt zu den anderen zu pflegen.

Personen aus dem eigenen Netzwerk können einem helfen. Vor allem für Studenten können diese Kontakte enorm wichtig sein, da gute Zeugnisse allein noch keine Stelle bringen. Beweist man nun, dass man etwas taugt – zum Beispiel in einem Praktikum – , so bieten sich immer wieder neue Möglichkeiten.

Der Informationsvorsprung ist ein wichtiger Punkt. Will man beispielsweise den Job wechseln, so kann man durch sein Netzwerk erfahren, wo jemand gebraucht wird. Viele Stellen werden erst gar nicht ausgeschrieben, sondern intern vergeben. Selbst wenn sie ausgeschrieben werden, schadet es nicht, gute Referenzen nachweisen zu können. Vor allem auch beim Karrierestart sind Netzwerke eine gute Hilfe. Besonders Praktikumsstellen ergeben sich oft durch Vitamin B. Wer nun hart arbeitet und beweist, was er kann, bekommt auch eine gute Bewertung und hat somit das Vertrauen des Netzwerks verdient – das garantiert, dass man auch in Zukunft wieder empfohlen wird.

Alles Positive, das hier zu Netzwerken erläutert wurde, gilt selbstverständlich nur unter der Voraussetzung, dass die Person, die Vorteile durch das Netzwerk erlangt hat, auch die entsprechende Gegenleistung erbringt. Wenn also jemand durch Beziehungen einen Job bekommt, so muss er sich auch ordentlich anstellen und seine Arbeit gut machen, ansonsten endet das Ganze ziemlich schnell und wird nicht nur für den Betroffenen selbst, sondern auch für die Person, die ihn empfohlen hat, peinlich.

Netzwerke erhalten sich nicht von alleine, sie bedürfen einer steten Pflege. Ebenso dienen Netzwerke nicht nur Karrierezielen. Viele Netzwerke bestehen aus guten und echten Freundschaften. Je enger die Beziehung zwischen den Personen bereits ist, desto stabiler ist das Netzwerk. Vor allem in späteren Jahren sind die Netzwerke, die man früh mit Schulfreunden oder Studienfreunden aufgebaut hat, immer noch ein soziales Geflecht aus echten Freundschaften.

Netzwerke pflegen

Damit Netzwerke funktionieren, müssen sie gepflegt werden. Das geht am einfachsten durch den direkten persönlichen Kontakt zu Menschen. Am besten ist es, wenn man mit anderen etwas gemeinsam hat, sei es, dass man gemeinsam eine Reise macht oder ein Projekt verfolgt. Auch das Zusammenleben kann helfen, Menschen besser kennenzulernen. Umgekehrt müssen solche Dinge nicht unbedingt zu starken Netzwerken führen, denn ausschlaggebend sind vor allem gegenseitige Sympathien.

Neben dem direkten persönlichen Kontakt gibt es eine Vielzahl von Kommunikationsmedien, mit denen man ein Netzwerk erhalten kann. Eine Möglichkeit ist die Nutzung von Web 2.0-Applikationen, wo man die Kontakte durch gemeinsames Nutzen der Websites aufrechterhalten kann. Außerdem kann man natürlich Briefe und E-Mails schreiben oder zum guten alten Telefon greifen. Wie auch immer man vorgehen möchte, der Kontakt sollte möglichst authentisch sein. Sämtliche Beziehungen ausschließlich über Web 2.0-Plattformen zu »verwalten«, ist nicht empfehlenswert. Die Plattformen sollten nur eine zusätzliche Möglichkeit darstellen, mit anderen in Kontakt zu treten. Auf die direkte Begegnung sollte man jedoch nicht verzichten.

Engagement in Organisationen

Der Aufbau eines Netzwerks ist im Prinzip keine große Hexerei, die Ungewissheit über den Nutzen ist aber hoch. Die Wahrscheinlichkeit, dass ein Akademiker eine wichtige Stelle besetzt, ist vielleicht größer als bei jemandem, der nicht studiert hat. Ein Studium allein ist jedoch kein Garant für den beruflichen Erfolg. Um ein Netzwerk aufzubauen, sollten dir diese Faktoren sowieso egal sein, denn wer alles genau berechnet und sich nur mit Leuten umgibt, die er als potenziell erfolgreich sieht, der wirkt nicht authentisch und kommt nicht sehr gut an. Man sollte einfach locker bleiben und jene Kontakte pflegen, bei denen man auch den Menschen dahinter mag. Es ist außerordentlich wichtig, schon während des Studiums Kontakte zu knüpfen, da man zu dieser Zeit noch weniger nach Einflusspotenzial und Einkommen eingeschätzt wird als es später der Fall sein wird. Es schadet auch nicht, die Kontakte aus dem Gymnasium weiter zu pflegen.

Es gibt an Universitäten sehr gute Möglichkeiten, Kontakte zu knüpfen. Eine der besten ist es, sich irgendwo zu engagieren. Ein solches Engagement während des Studiums hat Vorteile, denn man sendet die richtigen Signale an Mitmenschen und Arbeitgeber und hat außerdem die Möglichkeit, seinen Teil an dem Umfeld, in dem man sich bewegt, mitzugestalten. Die Erfahrungen, die man dabei macht, können einem später im Berufsleben behilflich sein. Wer sich in einem Verein engagiert, zeigt außerdem persönliche Leistungsbereitschaft. Zudem lassen sich durch diese Aktivitäten Freundschaften aufbauen, die dann wieder zu einem Netzwerk führen. Man hat also eine Reihe von positiven Nebeneffekten, wenn man sich an einer bestimmten Gruppe beteiligt. Eine Universität bietet in der Regel viele Möglichkeiten sich zu engagieren. Wichtig für ein Engagement sind deine persönlichen Ziele und Interessen. Grundsätzlich eignen sich alle Gruppen, um Kontakte zu knüpfen: Einige sind jedoch besonders darauf ausgelegt.

Vereine
Vereine stellen eine gute Möglichkeit dar, Menschen kennenzulernen. Sie geben einen fixen Aktivitätsrahmen vor, in dem jeder seinen Interessen nachgehen kann. Die Plattform des Vereins ermöglicht gemeinsame Aktivitäten, was zu guten Freundschaften führen kann. Es gibt etliche Varianten von Vereinen, seien es Sportvereine, Musikvereine oder auch andere Interessengruppen. Vereine bieten auch einen Rahmen für einen seelischen Ausgleich, sollte das Studium mal an den eigenen Kräften zehren. Am besten suchst du dir einen Verein aus, der deinen Interessen entspricht, und schaust einfach mal dort vorbei.

Politische Parteien
Wer eine politische Karriere einschlagen will, sollte sich früher oder später mit dem Beitritt zu einer politischen Partei auseinandersetzen. Die dadurch gewonnenen Kontakte können einem bei den Karrierezielen behilflich sein. Vor allem aber ermöglichen sie überhaupt erst eine Nomination. Ob man Farbe bekennen möchte, muss man selbst wissen, nicht alle begrüßen eine solche Aktion. Wenn man ohnehin von einer politischen Position überzeugt ist, schadet es auch nicht, sich dafür zu engagieren. Auf jeden Fall kann man in einer Partei wichtige Kontakte knüpfen.

Austauschprogramme

Wer in einem internationalen Konzern arbeiten möchte, sollte Auslandserfahrung mitbringen. Die von den Universitäten angebotenen Austauschprogramme für Auslandssemster an Unis in anderen Ländern können einen, neben den guten Kontakten, zu einem unvergesslichen Erlebnis führen. Es soll auch schon vorgekommen sein, dass ein Student mit einem Drittel der Kurse und einer bezaubernden Freundin nach Hause gekommen ist. Viele gehen erst im Ausland so richtig aus sich heraus und entdecken neue Seiten an sich.

Es gibt auch Organisationen, die den internationalen Austausch fördern. Sei es *AIESEC* oder *Erasmus* – hier hast du die Chance, dich international zu vernetzen. Außerdem ist es eine Bereicherung, andere Kulturen kennenzulernen, denn das unterstützt die eigene persönliche Entwicklung.

Studentenvertretung

An den Universitäten gibt es Studentenvertretungen; je nach Land sind sie unterschiedlich organisiert und werden unterschiedlich benannt. In Deutschland und der Schweiz ist es die Studentenschaft, die mittlerweile aus politischen Gründen oft schon Studierendenschaft genannt wird, die die Vertretung der Studierenden gewährleisten soll. In Deutschland sind dies die ASten, USten, StuRae, usw. In Österreich tritt die ÖH, die Österreichische Hochschülerschaft, für die Interessen der Studierenden ein.

In Deutschland und der Schweiz gibt es meist neben dem exekutiven Organ, wie dem Vorstand, auch ein Studentenparlament oder einen Studentenrat, es gibt aber regionale Unterschiede in der Organisation. In der Schweiz gibt es zudem noch Kommissionen, die ein bestimmtes Ziel bearbeiten, wie beispielsweise die Gleichstellung von Mann und Frau. In Österreich ist diese Vertretung in Studienvertretung, Fakultätsvertretung, Universitätsvertretung und Bundesvertretung aufgeteilt. Die lokalen Studentenschaften sind in nationalen Dachverbänden organisiert, in Deutschland ist das *Der freie zusammenschluss von studentInnenschaften* (fzs), in der Schweiz der *Verband der Schweizer Studierendenschaf-*

ten und in Österreich die *Österreichische Hochschülerinnen- und Hochschülerschaft*. Diese nationalen Dachverbände sind alle wiederum in den internationalen Dachverbänden *European Students' Union* (ESU) sowie der *International Union of Students* (IUS) vertreten.

In Österreich und der Schweiz sind verschiedene politische Interessengruppen teils parteinah, teils parteiunabhängig aktiv

Das Ziel der Studentenschaft ist es, gegenüber der Universität die Interessen der Studierenden zu vertreten. Kritik an der Studentenschaft gibt es, da wegen mangelnder Wahlbeteiligung die Legitimation angezweifelt wird, aber auch weil eine Pflichtmitgliedschaft besteht und man somit automatisch Mitglied wird. Jura-Studenten wird interessieren, dass es dazu einige gerichtliche Scharmützel gibt. Tatsache ist, dass es heute teilweise möglich ist aus der Studentenschaft auszutreten, die Formalitäten legt die örtliche Studentenschaft fest. Es ist aber aufgrund der minimalen Mitgliederbeiträge fraglich, ob sich ein Austritt lohnt.

Auch wenn die meisten nicht viel mit der Studentenschaft zu tun haben, so ist sie doch im studentischen Alltag präsent. Jede Organisation hat Schwächen, aber eine Studentenvertretung ist absolut notwendig, damit sich die Universitäten auch im Interesse der Studenten entwickeln und nicht ausschließlich nach Wünschen der Politik und der Universitätsverwaltung gestaltet wird.

Der Erfolg der Studentenschaft ist von Universität zu Universität unterschiedlich. Die Studentenschaft ist jedoch eine gute Möglichkeit, seine studentischen Anliegen zu verwirklichen und die Entwicklung der Universitätskultur mitzugestalten. Um ein solches Anliegen umzusetzen, lässt man sich einfach in eines der Organe wählen, das sollte angesichts der geringen Wahlbeteiligung nicht all zu schwer sein, wenn man seine Freunde mobilisiert.

Institute und universitäre Einrichtungen

Jede Universität hat neben der Studentenschaft noch andere, allerdings freiwillige Einrichtungen. Die Institute sind hervorragend geeignet, Menschen im Berufsalltag kennenzulernen. Hier kannst du dir Vorwissen für deinen späteren Berufszweig aneignen und du bist immer up to date, was die Forschung im jeweiligen Gebiet betrifft. An den Instituten findet die Forschung statt, sie sind somit wichtige Elemente einer Universität. Es schadet also kaum, sich einen der begehrten Plätze zu schnappen und sich wichtiges Fachwissen anzueignen.

Andere Einrichtungen sind je nach Universität unterschiedlich vorhanden. Als zukünftiger Journalist solltest du dir überlegen, dich der Uni-Zeitung anzuschließen. Wenn deine Uni noch keine hat, umso besser: Gründe deine eigene.

Es gibt aber teilweise auch Organisationen an Universitäten, die sich zum Beispiel mit Partys oder Recruiting Events befassen. Erkundige dich einfach, was auf deinem Campus angeboten wird.

Arbeit

Die einen müssen mit dem Job neben dem Studium ihren Lebensunterhalt und das Studium finanzieren, die anderen bessern lediglich ihr Budget etwas auf. So oder so: Die Menschen, die man bei der Arbeit kennenlernt, können einem später weiterhelfen. Viele Stellen gehen »unter der Hand weg«, das heißt, sie werden gar nicht erst ausgeschrieben. Wenn man ein gutes Arbeitszeugnis vorweisen kann, findet man viel einfacher einen neuen Job. Das Netzwerk, das man sich durch Jobs aufbaut, kann durchaus professioneller und muss nicht freundschaftlicher Natur sein: dass die Leute einen kennen und wissen, wie man arbeitet, ist schon viel wert.

Studentenverbindungen

Entstanden sind die ersten Studentenverbindungen überall im deutschsprachigen Raum, zwischen Ende des 18. Jahrhunderts und Anfang des 19. Jahrhunderts. Entstanden sind sie aus den sogenannten Nationen an den Universitäten. An den frühen Universitäten wurden die Studenten in den Nationen anhand ihrer Herkunft untergebracht. Je nach Universität war diese Einteilung aber sehr weit gefasst, beispielsweise nach den Himmelsrichtungen.

Mitglieder einer Studentenverbindung sind meist Männer, wobei es heute auch gemischte Verbindungen und reine Frauenverbindungen gibt. Nach außen erkennbar sind meist nur die farbentragenden Verbindungen mit ihren Mützen und Bändern. Es gibt aber sehr große Unterschiede zwischen diesen. Wie jeder Verein haben Verbindungen einen Zweck, dieser kann politische Ziele beinhalten oder einfach das Pflegen und Erhalten von Idealen. Unter den farbentragenden Verbindungen gibt es verschiedene Arten von Verbindungen, welche entscheidend definieren, wie der Rahmen der Verbindung aussieht. Jede dieser Gattungen ist aus einer studentischen Bewegung entstanden. Es gibt unterschiedlichste studentische Gruppierungen, wie Corps, Turnerschaften oder katholische Verbindungen. Wichtig ist, dass du dir die jeweiligen Programme genau ansiehst und prüfst, ob du dich damit identifizieren kannst. Es gibt hier jede Menge schwarze Schafe mit fragwürdigen Absichten, deshalb ist Vorsicht geboten.

Verbindungen sehen sich als eine Art Lebensschule, die herausragende Persönlichkeiten hervorbringen. Um dich über die einzelnen Programme und Hintergründe zu informieren, erhälst du in der Regel bei den einzelnen Verbindungen Informationen.

Verbindungen leben nach ihren Regeln und Hierarchien. Jeder, der ein Amt ausübt, muss zuerst gewählt werden. Die Verbindung wird aufgeteilt in Burschen und Füchse, wobei die Burschen Vollmitglieder und die Füchse Neulinge sind. Je nach Verbindung sind die Füchse bereits Mitglied der Verbindung oder werden erst als Burschen Mitglied.

Was macht Verbindungen als Netzwerk so attraktiv? Die Verbindungen pflegen das Lebensbundsprinzip, was so viel bedeutet wie: Man ist lebenslanges Mitglied. Dies führt dazu, dass die Altherren auch später den Kontakt zur Verbindung pflegen und sie auch finanziell unterstützen. Diese Unterstützung wird als eine Art Generationenvertrag betrachtet. Die Studienzeit ist zwar der intensivste, aber auch der kürzeste Teil eines Verbindungslebens, als lebenslanges Mitglied einer Verbindung pflegt man in der Regel seine Verbindungskontakte auch später noch. Diese Netzwerke können sehr einflussreich sein und unter den Mitgliedern gibt es oft eine Verbundenheit, die über eine normale Freundschaft hinausgeht.

Das Beste zum Schluss: Fazit

Wer Karriere machen möchte, ist auf Netzwerke angewiesen. Man sollte sich dabei aber nicht verkrampfen und das Ganze locker und gelassen angehen. Meist ist das Engagement wichtiger, und die Kontakte entstehen nebenbei. Freundschaften bilden die stärkste Vernetzung unter Menschen, es schadet jedoch auch nicht, wenn man einen breiten Bekanntenkreis pflegt. Organisationen und Institutionen bilden eine Plattform für jeden Netzwerker. Welche davon man selber nutzen möchte, hängt von den eigenen Zielen ab. Netzwerke sind so lange effizient, wie die zugehörigen Personen auch die von ihnen angekündigte Leistung erbringen.

Je besser das Alumni-System der entsprechenden Organisation funktioniert, desto interessanter ist das Netzwerk bezüglich beruflicher Chancen, weil generationenübergreifend kommuniziert werden kann. Je nach Betätigungsfeld kann die Organisation aber auch dabei helfen, die eigenen Fähigkeiten und Qualifikationen weiterzuentwickeln. Es schadet nicht, in mehreren Organisationen aktiv zu sein, wobei man aufpassen sollte, dass man sich nicht verzettelt. Es ist besser, in einer Gruppe sehr engagiert aktiv zu sein, als in vielen einfach nur halbherzig, denn du willst ja einen positiven Eindruck hinterlassen.

Tipps
- Nimm dir Zeit für die Menschen, die dir wichtig sind.
- Achte darauf, dass immer ein Geben und Nehmen besteht, revanchiere dich bei Gelegenheit.
- Entwickle dich weiter, aber bleib dir selbst treu.
- Engagiere dich während des Studiums in einem Verein oder in einem Club, in dem es dir gefällt.
- Lass deine früheren Kontakte nicht völlig schleifen, melde dich von Zeit zu Zeit mal wieder.

Nachwort

Nachdem du nun dieses Buch gelesen hast, bist du für den Studienanfang perfekt gerüstet – du weißt, was du gegen einen leeren Studentenmagen unternehmen kannst, wie du deine Traum-WG findest und ein Selbstorganisations-Genie bist du nun ohnehin. Aber es kann trotzdem noch die eine oder andere Überraschung geben. Lass dich davon nicht aus der Bahn werfen, sondern sei einfach neugierig, was dir die Zukunft so bringt, denn das Studium ist eine sehr aufregende und schöne Zeit – meistens auf jeden Fall!

Nun möchten wir noch all den Menschen danken, die bei der Entstehung dieses Buches mitgewirkt haben. Allen voran unserer Verlegerin Dr. Monika Roell, die unser Projekt tatkräftig und voller Elan unterstützt hat, und natürlich unserer Lektorin Birgit Lebek, die für unsere Sorgen stets ein offenes Ohr hatte und für uns auch den ein oder anderen Berg versetzt hat. Auch Stephanie Ehrenschwendner und Yves Erne, sowie unseren Experten sind wir für ihren Einsatz sehr dankbar. Kurzum – unser Dank gilt einfach allen, die in irgendeiner Weise zum Gelingen dieses Buches beigetragen haben.

Links

Im Folgenden findest du einige Links, die dir sicher weiterhelfen können. Hilfreich ist es auch, wenn du bei Suchmaschinen wie Google oder Yahoo deinen Suchbegriff eingibst – schnell hast du die entsprechenden Seiten für dein Land.

Von Nesthockern und Freiheitssuchern
www.familienhandbuch.de
www.derstandard.at/?url=/?id=3304334
www.eltern-hilfe.ch

Das warme Nest verlassen
www.wg-gesucht.de
www.immobilienscout24.de
www.studieren.at
www.oeh.ac.at
www.wgzimmer.ch
www.immobilienscout24.ch

Eine Wohnung für dich allein
www.mietrecht.de
www.rechtsfreund.at
www.mietrecht.ch

Warum ist am Ende des Geldes noch so viel Monat übrig?
www.daad.de
www.stipendiumplus.de
www.stipendien.at
www.ausbildungsbeitraege.ch
www.nebenjobvermittlung24.de
www.nebenjob.at
www.nebenjobs.ch

Die hohe Kunst, das Studium und sich selbst zu managen
www.apa-format.biz
www.focus.de/jobs/berufsalltag/stress-bewaeltigung/selbsttest_aid_28507.html
www.getabstract.com
www.seiwert.de
www.zeugnisdeutsch.de

Daran führt kein Weg vorbei: Lernen
http://arbeitsblaetter.stangl-taller.at/LERNEN/Lernstrategien.shtml
www.birkenbihl-insider.de

Pasta, Pommes & Co.
http://www.studentenkochbuch.net/
www.kochatelier.de/kochen_fuer_studenten.htm

Von Turteltäubchen und anderen Vögel(n)
www.profamilia.de
www.pille-danach.at
www.svss-uspda.ch

Die Schattenseiten des Studiums: Angst und Scheitern
www.pruefungsangst.de
www.hilfe-bei-burnout.de
www.studentenberatung.at
www.drogenhilfe.at
www.depression.ch

Die richtigen Fäden ziehen: Netzwerke
www.studivz.net
www.xing.com
www.facebook.com

Literaturtipps

Von Nesthockern und Freiheitssuchern

Hammerl, Elfriede: Hotel Mama. Nesthocker, Nervensägen und Neurosen. Zsolnay Verlag 2007

Stemmer-Beer, Roswitha: Liebeskämpfe. Wie Töchter ihre Mütter abnabeln. Centaurus 2005

Stowasser, Natalie/Choinowski, Patrick: Check out! Hotel Mama adé – Start ins eigene Leben. Gondrom Verlag 2008

Das warme Nest verlassen

Loos, Adolf: Wie man eine Wohnung einrichten soll. Stilvolles über scheinbar Unverrückbares. Metro Verlag 2008

Pohle, Rita: Lebensräume gestalten mit Feng Shui. Hugendubel Verlag 2000

Pohle, Rita: Weg damit. Entrümpeln befreit. Hugendubel Verlag 2002

Eine Wohnung für dich allein

Deutscher Mieterbund (Hrsg.): Das Mieterlexikon. Das Nachschlagewerk für Fachleute und Laien. DMB-Verlag 2006

Spreng, Norman M.: Das neue Mietrecht. Problemlösungen für Mieter, Vermieter und Verwalter. Deutscher Taschenbuch Verlag 2006

Die Mitbewohner – Freunde oder Feinde?

Gavalda, Anna: Zusammen ist man weniger allein. Verlag S. Fischer 2008

Heinzelmann, Martin: Hat jemand 'n Zimmer? Eine Dokumentation zur studentischen Kultur der Zimmervermittlung. IKO 2007

Muderson, Hendrik: Jetzt geht das Leben los! Der Survival Guide für die WG. Neuer Europa Verlag 2007

Warum ist am Ende des Geldes noch so viel Monat übrig?

Marburger, Horst: Der aktuelle BaföG-Ratgeber. Studenten und Schüler brauchen Geld. Alles rausholen bei Praktika und Jobs. Walhalla und Praetoria 2005

Schmitt, Bruno: „Nix mehr Knete ... und noch soviel Monat ...". Solides privates Geldmanagement – oder: Mit dem Einkommen auskommen. Bruno Schmitt Verlag 2003

Die hohe Kunst, das Studium und sich selbst zu managen

Küstenmacher, Werner Tiki/ Seiwert, Lothar: Simplify your life. Einfacher und glücklicher leben. Campus Verlag 2005

Seiwert, Lothar: Die Bären-Strategie. In der Ruhe liegt die Kraft. Hugendubel Verlag 2005

Seiwert, Lothar: Noch mehr Zeit für das Wesentliche: Zeitmanagement neu entdecken. Hugendubel Verlag 2006

Daran führt kein Weg vorbei: Lernen

Birkenbihl, Vera F.: ABC Kreativ. Techniken zur kreativen Problemlösung. Hugendubel Verlag 2007

Birkenbihl, Vera F.: Das „neue" Stroh im Kopf? Vom Gehirn-Besitzer zum Gehirn-Benutzer. Gabal 2000

Birkenbihl, Vera F.: Trotzdem lernen. mvg-Verlag 2006

Prätsch, Joachim/Rossig, Wolfram E.: Wissenschaftliche Arbeiten: Leitfaden für Haus- und Seminararbeiten, Bachelor- und Masterthesis, Diplom- und Magisterarbeiten, Dissertationen. Weyhe: Teamdruck 2006

Pasta, Pommes & Co.

Leesker, Christiane / Hoeren, Thomas (Hrsg.): Satt durch alle Semester. Das Studentenkochbuch. Hölker Verlag 2006

Lehner, Christine: Das Studenten-Kochbuch. Einfach, schnell und preiswert. Edition XXL GmbH 2006

Rieder, Susanne: Studentenküche. Jenseits von Mensa und Cafeteria. Gondrom Verlag 2007

Von Turteltäubchen und anderen Vögel(n)

Bauer, Angeline: Liebeskummer. Die besten Rezepte, um wieder lachen zu können. Hugendubel Verlag 2005

Cornelißen, Waltraud/ Fox, Katrin: Studieren mit Kind. Die Vereinbarkeit von Studium und Elternschaft: Lebenssituationen, Maßnahmen und Handlungsperspektiven. Verlag für Sozialwissenschaften 2007

Fitz, Rudolf/ Hauk, Petra/ Baumgart, Gert: Selbstbestimmte Sexualität. Verhütung heute. Verlagshaus der Ärzte 2006

Lunneborg, Patricia: Jetzt kein Kind. Warum Abtreibung eine positive Entscheidung sein kann. Beltz 2002

Die Schattenseiten des Studiums: Angst und Scheitern

Böss-Ostendorf, Andreas/ Senft, Holger: Beat it! Der Prüfungscoach für Studium und Karriere. Campus 2005

Kypta, Gabriele: Burnout erkennen – überwinden – vermeiden. Carl Auer Verlag 2006

Schmid-Bode, Wilhelm: Vier Stresstypen und vier Wege zur Gelassenheit. Droemer Knaur 2008

Über die Autoren

Hinter dem Autorenteam Cammis verbergen sich die sechs Studenten **C**hrista Stünzi (CH), **A**nna Pirhofer (A), **M**arkus Arnold (D), **M**uriel Staub (CH), **I**rene Döbeli (CH) und **S**ebastian Elke (CH). Sie alle studieren an der Schweizer Uni Sankt Gallen im 4. Semester.